Ammar Rabaaoui

Asservissement visuel par réseaux de neurones

Ammar Rabaaoui

Asservissement visuel par réseaux de neurones

Un algorithme neuronal pour l'asservissement visuel d'un robot mobile

Éditions universitaires européennes

Impressum / Mentions légales

Bibliografische Information der Deutschen Nationalbibliothek: Die Deutsche Nationalbibliothek verzeichnet diese Publikation in der Deutschen Nationalbibliografie; detaillierte bibliografische Daten sind im Internet über http://dnb.d-nb.de abrufbar.

Alle in diesem Buch genannten Marken und Produktnamen unterliegen warenzeichen-, marken- oder patentrechtlichem Schutz bzw. sind Warenzeichen oder eingetragene Warenzeichen der jeweiligen Inhaber. Die Wiedergabe von Marken, Produktnamen, Gebrauchsnamen, Handelsnamen, Warenbezeichnungen u.s.w. in diesem Werk berechtigt auch ohne besondere Kennzeichnung nicht zu der Annahme, dass solche Namen im Sinne der Warenzeichen- und Markenschutzgesetzgebung als frei zu betrachten wären und daher von jedermann benutzt werden dürften.

Information bibliographique publiée par la Deutsche Nationalbibliothek: La Deutsche Nationalbibliothek inscrit cette publication à la Deutsche Nationalbibliografie; des données bibliographiques détaillées sont disponibles sur internet à l'adresse http://dnb.d-nb.de.

Toutes marques et noms de produits mentionnés dans ce livre demeurent sous la protection des marques, des marques déposées et des brevets, et sont des marques ou des marques déposées de leurs détenteurs respectifs. L'utilisation des marques, noms de produits, noms communs, noms commerciaux, descriptions de produits, etc, même sans qu'ils soient mentionnés de façon particulière dans ce livre ne signifie en aucune façon que ces noms peuvent être utilisés sans restriction à l'égard de la législation pour la protection des marques et des marques déposées et pourraient donc être utilisés par quiconque.

Coverbild / Photo de couverture: www.ingimage.com

Verlag / Editeur:
Éditions universitaires européennes
ist ein Imprint der / est une marque déposée de
OmniScriptum GmbH & Co. KG
Heinrich-Böcking-Str. 6-8, 66121 Saarbrücken, Deutschland / Allemagne
Email: info@editions-ue.com

Herstellung: siehe letzte Seite /
Impression: voir la dernière page
ISBN: 978-3-8417-9218-1

Copyright / Droit d'auteur © 2014 OmniScriptum GmbH & Co. KG
Alle Rechte vorbehalten. / Tous droits réservés. Saarbrücken 2014

Résumé

Ce mémoire de Mastère aborde le thème d'asservissement visuel ainsi que la modélisation et la commande des systèmes dynamiques non linéaires qui est un problème difficile, car la dynamique de ces systèmes change au fur et à mesure de leur espace de paramètres.

En effet, la vision robotique se réfère à la capacité d'un robot de percevoir visuellement l'environnement et utiliser cette information pour l'exécution des différentes tâches. Elle s'étend aux méthodes de vision par ordinateur pour remplir les tâches confiées aux robots et aux systèmes robotisés. Les tâches typiques sont de naviguer vers un emplacement cible donnée, tout en évitant les obstacles, à trouver une personne et de réagir aux commandes de la personne, ou pour détecter, reconnaître, saisir et livrer les objets. Ainsi, l'objectif de la vision robotique est d'exploiter la puissance de détection visuelle pour observer et percevoir l'environnement et d'y réagir.

La première sélection importante dans le contrôle d'asservissement visuel est la nature de la réglementation visuelle qui détermine le schéma de commande. Essentiellement en asservissement visuelle 2-D, le signal d'erreur est calculé dans le plan image et les commandes de régulation sont générées par rapport à une telle erreur à l'aide d'une jacobienne visuelle. Dans le cas d'un asservissement visuel 3-D, les primitives de l'image sont utilisées pour estimer une caractérisation de l'objet dans l'espace de travail de telle sorte que l'erreur peut être calculée dans l'espace cartésien pour l'utiliser ensuite dans la boucle de régulation. Lorsque l'un de ces systèmes est utilisé, un modèle représentatif du robot devrait être créé pour saisir la complexité de ses propriétés cinématiques et dynamiques du robot.

Il est également très important, de pouvoir modéliser la relation non-linéaire entre le système d'imagerie et l'espace cartésien. Une alternative à l'approche modèle décrite précédemment est l'approche neuronale.

Mots clés : asservissement visuel, modélisation, relation non-linéaire, contrôle, approche neuronale

Remerciements

Les travaux de recherche présentés dans ce mémoire ont été développés à l'Ecole Nationale d'Ingénieurs de Sousse (ENISO).

Je tiens à exprimer ma reconnaissance et mes remerciements les plus sincères à mon directeur de mémoire de master, Monsieur Hassen Mekki, Maître de Conférences à l'ENISO, pour avoir dirigé mon travail. Un merci particulier pour ses nombreux conseils, son aide constante et pour la façon efficace avec laquelle il a suivi ce travail.

Enfin, je remercie tous ceux qui m'ont accompagné au cours de ce travail, famille et amis, qui m'ont entouré tous les jours de leur soutien.

Ammar Rabaaoui
Ingénieur en informatique appliquée et titulaire de mastère systèmes intelligents et communicants (SIC)

Table des matières

Table des matières 3
Listes des figures 5
Introduction générale 6
Asservissement visuel 9
1.   Introduction 10
2.   Formalisme de l'asservissement visuel 10
   2.1.   Modèle dynamique de la caméra 11
      2.1.1.   Modélisation 12
      2.1.2.   Calibrage 17
   2.2.   Phase de traitement d'image 21
      2.2.1.   Extraction d'informations 21
      2.2.2.   Reconstruction 3D 23
   2.3.   Principe de la loi de commande 24
   2.4.   Techniques d'asservissement visuel 26
      2.4.1.   Asservissement visuel 3D 26
      2.4.2.   Asservissement visuel 2D 29
      2.4.3.   Asservissement hybride 2-D½ 33
3.   Conclusion 36
Approches neuronales en asservissement visuel 37
1.   Introduction 38
2.   Réseaux de neurones : Quelques notions 38
   2.1.   Neurone artificiel 38
   2.2.   Apprentissage des RNAs 39
      2.2.1.   L'apprentissage supervisé 40

  2.2.2. L'apprentissage non supervisé 41
 2.3. Quelques modèles de RNA 42
  2.3.1. Réseau multicouche 42
  2.3.2. RNA à fonctions de base radiales 46
  2.3.3. Les cartes de Kohonen 49
3. Application des réseaux de neurones en asservissement visuel 55
 3.1. Commande neuronale et asservissement visuel 2D 57
  3.1.1. Problème de calibrage de caméra 58
  3.1.2. Problème des paramètres cinématique du robot 60
  3.1.3. Estimation simultanée des paramètres du robot et celle de la caméra 64
 3.2. Commande neuronale et asservissement visuel 3D 65
  3.2.1. Calibrage de caméra 65
  3.2.2. Estimation des paramètres cinématique du robot 66
  3.2.3. Coordination sensori-motrice 68
4. Conclusion 69
Proposition d'un algorithme neuronal pour l'asservissement visuel d'un robot mobile 70
1. Introduction 71
2. Asservissement visuel classique et méthode utilisée 71
3. Modèle du robot 73
4. Boîte à outils utilisée 75
5. Asservissement visuel neuronal 75
6. Algorithme neuronal et estimation des fonctions non linéaires 78
7. Résultats de simulation 80
7.1. Exemple 1 : Asservissement classique avec des primitives de types points 80
7.2. Exemple 2 : Asservissement neuronal avec des primitives de types points 83
8. Conclusion 86
Conclusions & perspectives 87

Listes des figures

Figure 1.1: schéma généralisé du système d'asservissement ... 11
Figure 2.1: Le modèle géométrique d'une caméra ... 13
Figure 3.1: Principe de calibrage d'une caméra ... 18
Figure 4.1: Les étapes impliquées dans l'extraction d'information ... 22
Figure 5.1: Principe de l'asservissement visuel 3D ... 27
Figure 6.1: Principe général de l'asservissement visuel 2D d'un robot ... 30
Figure 7.1: Principe de l'asservissement hybride 2-D½ ... 35
Figure 8.2: Neurone artificiel ... 39
Figure 9.2: Un réseau multicouche ... 44
Figure 10.2: Fonction d'activation de type gaussienne à une seule entrée ... 47
Figure 11.2: Une carte de Kohonen bidirectionnelle ... 51
Figure 12.2: un contrôleur neuronal à base de réseaux RBF pour la calibration de caméra ... 60
Figure 13.2: Architecture du réseau neural ... 63
Figure 14.2: Réseaux RBF utilisée pour rapprocher les incertitudes du système caméra-robot . 63
Figure 15.2: réseau neuronal pour estimer la relation entre coordonnées image-tridimensionnelles ... 66
Figure 16.2: Commande par asservissement visuel ... 67
Figure 17.3: Schéma classique d'asservissement visuel ... 71
Figure 18.3: Modèle du robot ... 73
Figure 19.3: Discrétisation des entrées du robot ... 74
Figure 20.3: Schéma d'asservissement visuel neuronal ... 76
Figure 21.3: Architecture du réseau neuronal ... 77
Figure 22.3: Schéma descriptif de la démarche d'application de l'algorithme neuronal ... 78
Figure 23.3: Évolution de la trajectoire du robot en asservissement visuel classique ... 81
Figure 24.3: Évolutions des erreurs temporelles en asservissement visuel classique ... 82
Figure 25.3: Évolutions des lois de commande en asservissement visuel classique ... 82
Figure 26.3: Évolution de la trajectoire du robot en asservissement visuel neuronal ... 84
Figure 27.3: Évolutions des erreurs temporelles en asservissement visuel neuronal ... 85
Figure 28.3: Évolutions des lois de commande en asservissement visuel neuronal ... 85

Introduction générale

Le but de la théorie du contrôle est de faire respecter un matériel donné à un comportement désiré en fournissant un signal de contrôle efficace. Le terme matériel est un concept général applicable à tous les appareils susceptibles d'être contrôlés. Un système complet est composé par le matériel, son contrôleur et le mode spécifique par lequel ils sont interconnectés, c'est à dire la structure du modèle de commande. Un fonctionnement stable du système de contrôle est un objectif primordial dans l'ingénierie de contrôle. Si cette propriété est perdue, de nombreuses conditions indésirables peuvent entraîner l'exécution inexacte des opérations par le matériel, des dommages aux équipements et dans le pire scénario des blessures aux personnes.

Donc, un contrôleur correctement conçu empêche le système de fonctionner dans un mode dangereux et instable. En robotique par exemple, le contrôleur doit avant tout assurer un fonctionnement stable avec la performance globale comme critère secondaire de conception.

Dans ce cadre, ce mémoire se concentre sur les systèmes de contrôle en asservissement visuel (VS), en particulier leur traitement avec les réseaux de neurones.

La vision est en fait la plus riche source d'informations pour nous-mêmes et aussi pour la robotique. Elle peut être considérée comme le problème le plus complexe et difficile en traitement du signal pour la reconnaissance des formes. L'information visuelle peut être utilisée dans des tâches telles que l'asservissement, à travers des robots manipulateurs et des robots mobiles.

L'asservissement visuel est une question ouverte avec un long chemin pour la recherche et pour l'obtention de mieux en mieux des résultats pertinents en robotique. Il s'agit d'une combinaison du traitement d'image et des techniques de contrôle, de telle façon que l'information visuelle est utilisé dans la boucle de commande.

Le but global d'asservissement visuel peut être considéré comme étant le fait d'obtenir une interprétation visuelle robuste et en ligne de l'environnement, qui peut être traités avec succès par les structures et les algorithmes de contrôle. Pour cela, Les solutions fournies sont généralement divisés en techniques de contrôle basées image (2D) et techniques de contrôle basée position (3D), en fonction du type d'informations fournies par le système de vision qui déterminent le genre de références qui doivent être envoyés à la structure de contrôle.

Le défi de la commande référencée vision est d'être utile en environnements plein air et non-structuré. A cet effet, les algorithmes de traitement d'image doivent fournir une information visuelle robuste et fonctionnant en temps réel.

Dans ce mémoire, nous mettons l'accent sur les techniques d'asservissements visuels et leurs interactions avec les réseaux de neurones en espérant avoir finalisé une méthode pour la commande d'un robot mobile en utilisant la combinaison entre l'asservissement visuel et les réseaux de neurones. Le mémoire est organisé comme suit :

Le premier chapitre se focalise sur la technique d'asservissement visuel en termes de principe de fonctionnement et les techniques utilisés.

Le deuxième chapitre traite le rôle des réseaux de neurones dans La commande référencée vision en mettant l'accent sur les problèmes existants et les solutions proposées.

Le troisième chapitre est un chapitre applicatif dont lequel on propose un contrôleur neuronal pour commander un robot mobile.

On termine la mémoire par une conclusion récapitulative et nos perspectives.

Chapitre 1

Asservissement visuel

1. Introduction

Ce chapitre présente le formalisme de l'asservissement visuel en mettant l'accent sur les différentes étapes intervenant dans l'élaboration de cette stratégie de commande qui sont le modèle dynamique de la caméra ainsi que celui du robot, la phase de traitement d'image et les techniques qui génèrent la loi de commande.

Les systèmes de commande basés sur la vision peuvent être divisés, selon la manière avec laquelle les informations visuelles extraites des images acquises sont utilisées pour construire la fonction de tâche $e(q, t)$, en trois catégories : ceux qui effectuent l'asservissement visuel dans l'espace opérationnel, appelé aussi asservissement visuel basé sur la position (3D), ceux qui effectuent l'asservissement visuel dans l'espace image appelé asservissement visuel basé image (2D), et ceux qui effectuent un mélange des deux précédentes catégories, appelé asservissement visuel hybride. Une présentation générale de ces trois approches est proposée dans les paragraphes 2.4.1, 2.4.2 et 2.4.3. La mise en œuvre des problèmes engendrés par ces techniques fait l'objet de notre travail de recherche synthétisé tout au long de ce rapport.

2. Formalisme de l'asservissement visuel

L'asservissement visuel est une tâche qui consiste à commander les mouvements d'un système robotique en utilisant l'information visuelle, et un ou plusieurs caméras ou plus généralement un capteur de vision **[Hutchinson 1996]** incorporés dans le système, ou à l'extérieur du système.

Les caméras sont soit montées sur le robot soit en train de l'observer. Cette tâche peut être exprimée comme étant la régulation d'une fonction $e(q, t)$ qui dépend de la configuration articulaire q du robot et du temps t.

Une caractéristique clé de l'asservissement visuel est que les variables contrôlées ne sont pas directement mesurées par le capteur, mais sont obtenues à partir des grandeurs mesurées à travers des élaborations complexes, basés sur des algorithmes de traitement d'image et de la vision par ordinateur.

La figure ci-dessous montre un schéma généralisé du système d'asservissement visuel qui représente les deux approches de base pour l'asservissement visuel. Nous discutons maintenant chacun des éléments :

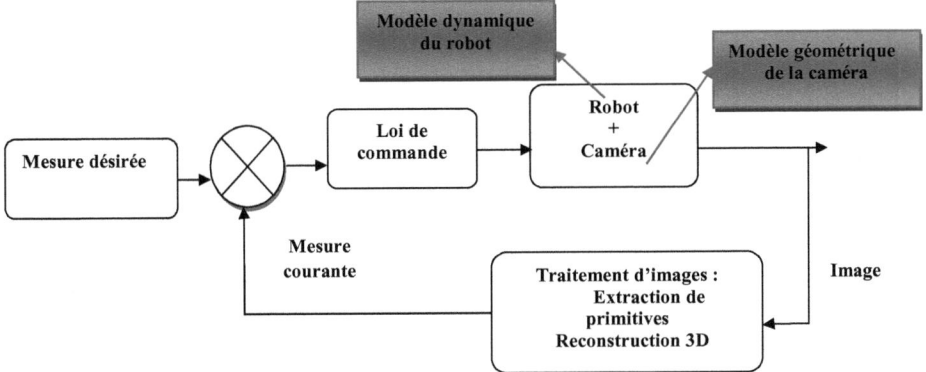

Figure 1.1: schéma généralisé du système d'asservissement

2.1. Modèle dynamique de la caméra

Afin de pouvoir faire du suivi basé sur un système de vision, il est nécessaire de définir un modèle permettant de décrire la façon dont un point de l'espace à trois dimensions se projette sur un plan à deux dimensions, lors du processus de traitement d'une image. L'obtention de ce modèle fait appel au calibrage de la caméra.

2.1.1. Modélisation

On désigne par modèle de la caméra l'ensemble des lois géométriques définissant la façon dont un point de l'espace à trois dimensions se projette sur un plan à deux dimensions, lors du processus de traitement d'une image.

Un modèle est caractérisé par un certain nombre de paramètres qui permettent de calculer les coordonnées en pixels d'une projection d'un point sur l'image, en utilisant ses coordonnées cartésiennes dans l'espace 3D. Selon la précision souhaitée, plusieurs modèles ont été proposées pour définir la façon dont le faisceau lumineux se déplace pour former l'image.

La sortie d'une caméra est une image, une fonction d'intensité 2D qui est une projection en perspective de la scène et qui dépend généralement du robot ainsi que des objets cible de la scène. En général, il est possible d'avoir plusieurs caméras qui peuvent être montés sur le robot ('eye in hand'), ou fixé dans son environnement en observant simplement la cible ('end point open loop') ou en observant la cible et le robot ('end point closed loop'). Cette dernière configuration présente l'avantage particulier que la précision de mouvement est indépendante de la calibration de la caméra.

La figure **2.1** décrit le modèle géométrique d'une caméra; soit un point **c** le point principal dans le plan image et soit l'axe optique la droite perpendiculaire au plan image passant par c. Soit un point F placé sur l'axe optique à une distance f du plan image. Le point F est le centre de projection et f est la distance focale.

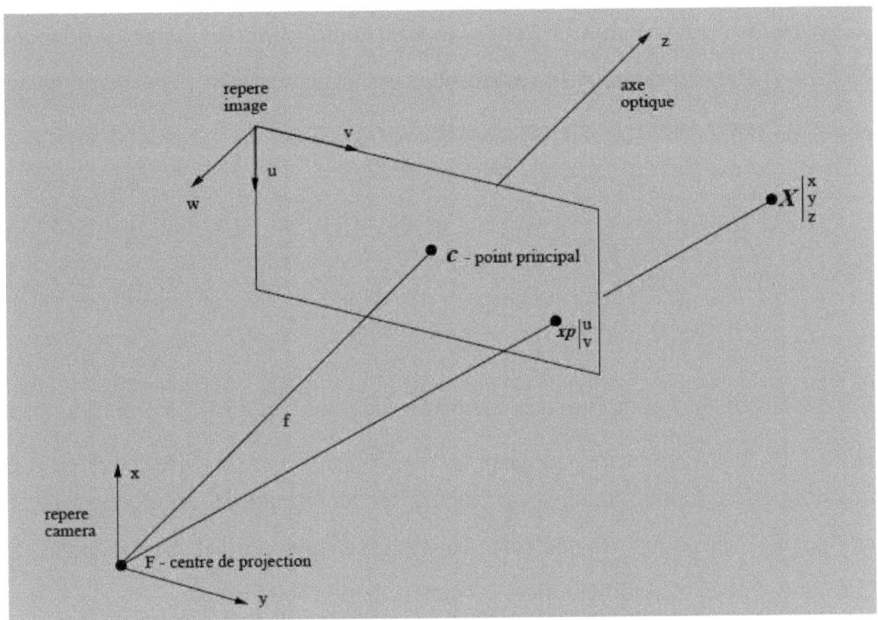

Figure 2.1 [HORAUD 1995]: Le modèle géométrique d'une caméra

Un point X se projette dans le plan image le long d'une droite passant par X et F. Soient x, y et z les coordonnées du point X dans le repère attaché à la caméra. Dans ce même repère, les coordonnées de la projection de X dans le plan image sont :

$$x' = \frac{fx}{z}$$
$$y' = \frac{fy}{z} \quad \text{.. (1.1)}$$
$$z' = f$$

Sous forme matricielle, cette transformation peut être écrite :

$$P = \begin{pmatrix} 1 & 0 & 0 & 0 \\ 0 & 1 & 0 & 0 \\ 0 & 0 & 1 & 0 \\ 0 & 0 & \frac{1}{f} & 0 \end{pmatrix} \quad \text{.. (1.2)}$$

Adoptant la représentation en coordonnées homogènes, un point quelconque X=[x y z 1] exprimé dans le repère objet se projette sur le plan image en un pixel xp= $[sx'/s \quad sy'/s \quad sz'/s]$ tel que :

$$\begin{pmatrix} sx' \\ sy' \\ sz' \\ s \end{pmatrix} = \begin{pmatrix} 1 & 0 & 0 & 0 \\ 0 & 1 & 0 & 0 \\ 0 & 0 & 1 & 0 \\ 0 & 0 & \frac{1}{f} & 0 \end{pmatrix} \begin{pmatrix} x \\ y \\ z \\ 1 \end{pmatrix} \dots\dots\dots\dots\dots (1.3)$$

Les points images sont mesurés en pixels dans un repère lié à l'image. Pour obtenir la matrice de transformation du repère caméra au repère image, dite transformation caméra/image, on inclut les coordonnées pixelliques de F ($u_0 \ v_0 \ w_0$) ainsi que les facteurs d'agrandissement vertical et horizontal de l'image k_u et k_v. On obtient alors la transformation suivante :

$$\begin{pmatrix} u \\ v \\ w \end{pmatrix} = \begin{pmatrix} k_u & 0 & 0 \\ 0 & k_v & 0 \\ 0 & 0 & 0 \end{pmatrix} \begin{pmatrix} -1 & 0 & 0 \\ 0 & 1 & 0 \\ 0 & 0 & -1 \end{pmatrix} \begin{pmatrix} x' \\ y' \\ z' \end{pmatrix} + \begin{pmatrix} u_0 \\ v_0 \\ w_0 \end{pmatrix} \dots\dots (1.4)$$

La composante w est toujours nul, cette transformation peut s'écrire alors sous la forme d'une matrice 3x4 tel que :

$$\begin{pmatrix} su \\ sv \\ s \end{pmatrix} = K \begin{pmatrix} x' \\ y' \\ z' \\ 1 \end{pmatrix} \dots\dots\dots\dots\dots\dots (1.5)$$

Avec K= $\begin{pmatrix} -k_u & 0 & 0 & u_0 \\ 0 & k_v & 0 & v_0 \\ 0 & 0 & 0 & 1 \end{pmatrix}$ .... (1.6)

2.1.1.1. Détermination des paramètres intrinsèques

Soit la relation entre les coordonnées caméra(x y z) du point X et les coordonnées (u v) du point xp définit par :

$$\begin{cases} u = -k_u\, f\, \dfrac{x}{z} + u_0 \\ v = -k_v\, f\, \dfrac{y}{z} + v_0 \end{cases} \quad\quad (1.7)$$

La multiplication du produit KP par la distance focale f donne la matrice Ic :

$$Ic = \begin{pmatrix} \alpha_u & 0 & u_0 & 0 \\ 0 & \alpha_v & v_0 & 0 \\ 0 & 0 & 1 & 0 \end{pmatrix} \quad\quad (1.8)$$

Avec $\alpha_u = -k_u\, f$, $\alpha_v = -k_v\, f$, u_0 et v_0 qui sont les paramètres qui vont être estimés par calibrage.

La transformation projective s'écrit alors sous la forme :

$$\begin{pmatrix} su \\ sv \\ s \end{pmatrix} = Ic \begin{pmatrix} x \\ y \\ z \\ s \end{pmatrix} \quad\quad (1.9)$$

2.1.1.2. Détermination des paramètres extrinsèques

Pour déterminer les paramètres de la caméra, il faut placer devant elle une mire constituant d'un ensemble de points dont les coordonnées sont connues par rapport à un repère de la mire différent de celui de la caméra.

Pour trouver les coordonnées de chaque point de la mire dans le repère image, c'est-à-dire la transformation mire/image, on réalise une transformation mire/caméra suivie d'une projection et enfin d'une transformation caméra/image.

La transformation mire/caméra se compose d'une rotation et d'une translation tel que :

$$\begin{pmatrix} x \\ y \\ z \end{pmatrix} = \begin{pmatrix} r_{11} & r_{12} & r_{13} \\ r_{21} & r_{22} & r_{23} \\ r_{31} & r_{32} & r_{33} \end{pmatrix} \begin{pmatrix} X \\ Y \\ Z \end{pmatrix} + \begin{pmatrix} t_x \\ t_y \\ t_z \end{pmatrix} \dots \dots (1.10)$$

Une transformation homogène se déduit alors de cette transformation composée de 3 rotations et 3 translations représantant ainsi les paramètres extrinsèques :

$$A = \begin{pmatrix} r_{11} & r_{12} & r_{13} & t_x \\ r_{21} & r_{22} & r_{23} & t_y \\ r_{31} & r_{32} & r_{33} & t_z \\ 0 & 0 & 0 & 1 \end{pmatrix} \dots \dots (1.11)$$

On peut maintenant élaborer la transformation mire/image sous la forme d'une matrice de projection perspective M tel que :

$$M = IcA = \begin{pmatrix} \alpha_u & 0 & u_0 & 0 \\ 0 & \alpha_v & v_0 & 0 \\ 0 & 0 & 1 & 0 \end{pmatrix} \begin{pmatrix} r_{11} & r_{12} & r_{13} & t_x \\ r_{21} & r_{22} & r_{23} & t_y \\ r_{31} & r_{32} & r_{33} & t_z \\ 0 & 0 & 0 & 1 \end{pmatrix} \dots \dots (1.12)$$

De plus, la matrice M peut s'écrit en général sous forme :

$$\begin{pmatrix} su \\ sv \\ s \end{pmatrix} = \begin{pmatrix} m_{11} & m_{12} & m_{13} & m_{14} \\ m_{21} & m_{22} & m_{23} & m_{24} \\ m_{31} & m_{32} & m_{33} & m_{34} \end{pmatrix} \begin{pmatrix} X \\ Y \\ Z \\ 1 \end{pmatrix} \dots \dots (1.13)$$

Avec X,Y et Z sont les coordonnées d'un point B de la mire dans le repère mire (voire figure **3.1**).En faisant l'identification de M avec IcA, on obtient un ensemble d'équations permettant de calculer les paramètres extrinsèques et intrinsèques.

2.1.2. Calibrage

Après avoir choisi le modèle de la caméra, ses paramètres doivent être identifiés. Les valeurs estimées de ces paramètres pour une caméra sont obtenues par calibrage. La figure ci-dessous présente le principe de cette étape.

Le calibrage est un pas crucial primaire dans beaucoup de tâches de vision par ordinateur. Il veut dire déterminer les propriétés géométriques de la procédure d'imagerie c'est-à-dire la transformation qui fait correspondre un point 3-D, exprimé par rapport à un repère de référence vers un point 2-D dans le plan image dont les coordonnées sont exprimées en unités de pixels.

Ce problème a été un enjeu majeur dans la vision par ordinateur depuis des années. La principale raison de cet intérêt est que la connaissance des paramètres d'imagerie permet de relier les mesures dans l'image par la structure spatiale de la scène observée.

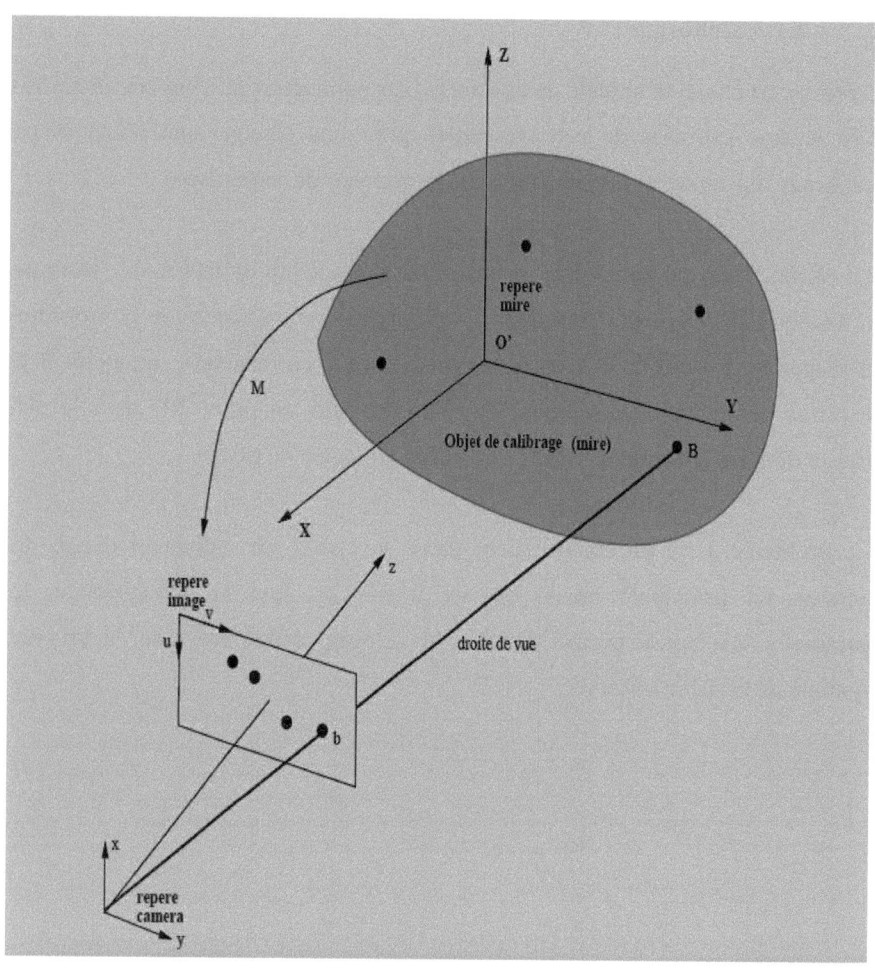

Figure 3.1 [HORAUD 1995]: Principe de calibrage d'une caméra : coordonnées d'un point B exprimées dans le repère mire se projette en coordonnées d'un point b exprimées dans le repère image

Fondamentalement, il ya deux aspects liés au problème de la calibration de la caméra:

- Calibrage automatique : Calibrage des paramètres internes de la caméra, paramètres dits intrinsèques, y compris les propriétés optiques et mécaniques (géométrique) de la caméra, telles que la distance focale, les paramètres de distorsion de lentille, le point d'intersection de l'axe optique avec le plan d'image etc en utilisant seulement les informations de l'image. Parfois, les fabricants fournissent ces paramètres, mais ils ne sont généralement pas assez précis pour les calculs. Certains d'entre eux tels que la longueur focale varie avec des ajustements, alors que certains d'entre eux tels que le centre de projection sont calibrés une fois pour toutes en fonction de la stabilité optique de la caméra.

- Calibrage basé sur des objets 3D de référence : Estimation de l'emplacement de la caméra (système) par rapport au système de référence monde 3D, y compris la rotation et la translation entre ces deux systèmes qui est nécessaire : Ce sont les paramètres extrinsèques. Ces paramètres ne sont pas directement liés à la caméra elle-même, mais de la mise en place d'une caméra, ce qui signifie qu'ils doivent être calibrés à chaque mise en place. Les objets de calibrage (mire) sont d'une façon générale des points répartis sur des plans orthogonaux ou sur un plan translaté dans la direction de sa normale.

En utilisant l'équation (**1.13**), les coordonnées image d'un point B de la scène est alors :

$$u = \frac{m_{11}X + m_{12}Y + m_{13}Z + m_{14}}{m_{31}X + m_{32}Y + m_{33}Z + m_{34}} \quad \dots\dots\dots\dots\dots\dots\dots\dots\dots\dots\dots\dots\dots\dots \quad (1.14)$$

$$v = \frac{m_{21}X + m_{22}Y + m_{23}Z + m_{24}}{m_{31}X + m_{32}Y + m_{33}Z + m_{34}} \quad \dots\dots\dots\dots\dots\dots\dots\dots\dots\dots\dots\dots\dots \quad (1.15)$$

D'une façon générale, chaque point Bi de coordonnées (X_i Y_i Z_i) se projettent en un point bi de coordonnées (u_i v_i) donnant ainsi un système de deux équations. Pour déterminer les coefficients de la matrice M, on est besoin d'au moins 6 points. Alors, une combinaison linéaire des coefficients mij peuvent etre synthétisée des équations (**1.14**) et (**1.15**):

$$m_{11}X_i + m_{12}Y_i + m_{13}Z_i + m_{14} - u_i m_{31}X_i - u_i m_{32}Y_i - u_i m_{33}Z_i = u_i m_{34} \dots (1.16)$$
$$m_{21}X_i + m_{22}Y_i + m_{23}Z_i + m_{24} - v_i m_{31}X_i - v_i m_{32}Y_i - v_i m_{33}Z_i = v_i m_{34} \dots (1.17)$$

Pour n points, on peut écrire le système matriciel suivant:

$$\begin{pmatrix} X_i & Y_i & Z_i & 1 & 0 & 0 & 0 & 0 & -u_iX_i & -u_iY_i & -u_iZ_i \\ 0 & 0 & 0 & 0 & X_i & Y_i & Z_i & 1 & -v_iX_i & -v_iY_i & -v_iZ_i \\ & & & & \vdots & & & & & & \end{pmatrix} \begin{pmatrix} m_{11} \\ m_{12} \\ m_{13} \\ m_{14} \\ m_{21} \\ m_{22} \\ m_{23} \\ m_{24} \\ m_{31} \\ m_{32} \\ m_{33} \end{pmatrix} = \begin{pmatrix} \vdots \\ u_i m_{34} \\ v_i m_{34} \\ \vdots \end{pmatrix} \dots (1.18)$$

C'est-à-dire de la forme :

$$\mathbf{K}_{2n \times 11} \, \mathbf{x}_{11} = \mathbf{u}_{2n} \quad \dots\dots\dots\dots\dots\dots\dots\dots\dots\dots\dots\dots\dots \quad (1.19)$$

Tel que les indices sont les tailles des matrices.

Pour trouver une solution, il faut fixer un des coefficients m_{ij}, par exemple faire $m_{34}=1$ qui représente en effet la composante en z du vecteur de translation entre le repère du mire et celui de la caméra. Pour résoudre l'équation (**1.19**), on utilise des techniques numériques telles que l'élimination de Gauss-Jordan permettant de trouver une solution approximative aux moindres carrés.

Ces méthodes introduisent l'inconvénient de ne pas obtenir que des valeurs approximatives des paramètres du modèle de la caméra. En effet, l'influence d'une erreur sur l'orientation des axes du repère image ne devient sensible que lorsque celle-ci est bien au delà d'une valeur réaliste .Outre cela, une erreur sur la rotation introduit une modification générale du comportement transitoire, alors que pour une translation, une erreur en z est plus sensible qu'une erreur en x ou y.

Pour se bénéficier d'une bonne robustesse du système, la convergence doit être assurée pour des erreurs de calibration raisonnables. C'est pourquoi qu'il existe d'autres méthodes qui se basent sur les réseaux de neurones dans le traitement de ce problème et qui seront entamés dans le prochain chapitre.

2.2. Phase de traitement d'image

C'est la phase par lequel on va pourvoir, selon la technique utilisée, extraire de l'information pour l'utiliser directement ou après une étape de reconstruction 3D dans la chaine d'asservissement visuel.

2.2.1. Extraction d'informations

Les différentes méthodes d'asservissement visuel sont conditionnées par la connaissance des paramètres visuels de l'image (primitives de l'image), ce qui veut dire que l'extraction de l'image est une étape clé pour l'asservissement visuel. Une image contient un très grand nombre de données représentées sous forme brute (pixels) dont une grande partie ne comporte pas d'information pertinente.

Dans le cadre d'une application en robotique (notamment en temps réel), il est nécessaire de pouvoir identifier les fractions de l'image qui transmettent des informations pertinentes en fonction du type de primitives du modèle que l'on cherche à identifier dans la scène. Il est également essentiel de représenter ces informations de façon brève dans la mémoire du système. Pour cela, deux opérations de base sont nécessaires, illustrées à la figure **4.1** :

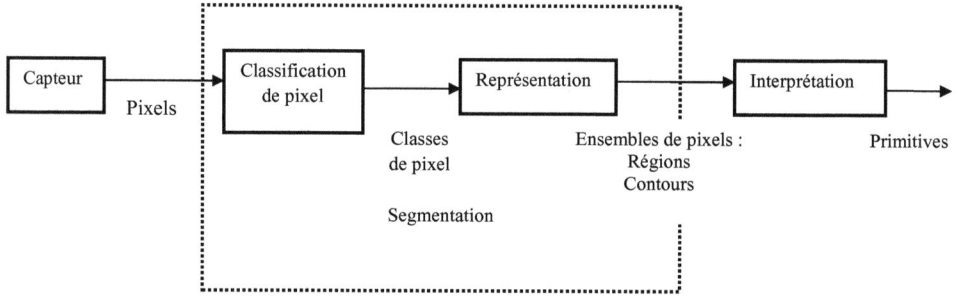

Figure 4.1: Les étapes impliquées dans l'extraction d'information

- La segmentation d'images : elle contient un processus de regroupement, par lequel l'image est divisée en un nombre quelconque de groupes, appelés segments, de telle sorte que les composants de chaque groupe doivent être similaires dans une ou plusieurs caractéristiques. De la même façon, les segments distincts de l'image correspondent à des objets distincts de l'environnement et aux parties d'objets similaires. Il existe deux approches au problème de la segmentation d'images :
    -segmentation basée sur les régions.
    -segmentation basée sur les contours.

-L'interprétation d'images : constitue le processus de calcul des primitives de l'image, représentées par des régions ou par des contours. Dans les applications d'asservissement visuel, l'interprétation utilisée nécessite parfois le calcul des moments d'image.

L'avantage d'utiliser ces moments en asservissement visuel est qu'ils permettent de fournir une représentation générique d'un objet quelconque, avec des formes simples ou complexes, qui peuvent être segmentées en une image. De plus, Ils fournissent un sens plus géométrique et intuitif par rapport aux autres primitives. En outre, le calcul des moments d'image sur toute la région les rend moins sensibles au bruit d'image et aux autres erreurs de mesure.

2.2.2. Reconstruction 3D

On désigne par pose la position et l'orientation d'un objet par rapport au repère de la caméra. D'une façon formelle, le calcul de pose se fait à partir des correspondances entre des points d'une image et des points de l'espace, en d'autre terme la correspondance 2D-3D.

Pour l'asservissement visuel 3-D, la fonction d'estimation de pose utilise un modèle d'objet géométrique et observe les caractéristiques d'image pour estimer la pose cartésienne de l'objet.

Au contraire, l'asservissement visuel 2D ne nécessite pas cette étape, l'erreur de positionnement mesurée dans les images entre l'effecteur du robot et la cible à atteindre est convertie directement en corrections angulaires. Pour les approches hybrides, ils ont des niveaux différents de calcul de pose. Cette étape sera traitée avec plus de détail lorsqu'on entame le cas d'asservissement visuel 3D.

Après avoir traité l'image, il est alors possible d'utiliser les informations récupérées pour formuler une loi de commande pour le système robotique.

2.3. Principe de la loi de commande

Une loi de commande appliquée à un système robotique permet de concrétiser le positionnement et l'orientation de son effecteur dans un environnement sous le contrôle de la perception visuelle. Cette loi repose sur la formalisation de la coordination entre le système robotique et le système de vision, autrement dit sur la connaissance de la relation entre l'espace de perception du capteur et l'espace des commandes du système robotique.

Soit s un vecteur de n primitives, extrait d'une image et soit $V_c(v_c, w_c)$ le torseur cinématique des vitesses de la caméra par rapport à la scène ; v_c représentant sa vitesse de translation et w_c sa vitesse de rotation. Le vecteur s est lié au torseur cinématique V_c à travers la matrice d'interaction par la relation :

$$\dot{s} = L_s V_c \quad \ldots \ldots \ldots \ldots \ldots \ldots \ldots \ldots \ldots \ldots \ldots \ldots \quad (1.20)$$

Soit s* est le vecteur des primitives désirées, c'est-à-dire les primitives images de référence à la pose désirée ; ce vecteur est généralement considérée constante. Alors, on peut définir une tâche robotique de positionnement sous forme d'une régulation d'erreur $e = s - s^*$ qui tend vers zéros **[Chaumette 2006, Chaumette 2007]**. La dérivation de cette expression par rapport au temps nous mène à la relation suivante :

$$\dot{e} = L_s V_c \quad \ldots \ldots \ldots \ldots \ldots \ldots \ldots \ldots \ldots \ldots \ldots \ldots \quad (1.21)$$

En effet, $\mathbf{L_s}$ peut être interprétée comme étant le jacobien du vecteur s c'est-à-dire l'opérateur associant les variations des informations visuelles s (sortie du capteur) au déplacement relatif de la caméra. La forme analytique de la matrice d'interaction $\mathbf{L_s}$ est basée sur le type de la caméra utilisé (caméra classique, caméra échographique 2D ou 3D ou caméra omnidirectionnelle) et le modèle de projection utilisé **[Hutchinson 1996]**. Le modèle géométrique le plus courant pour les caméras habituelles est le modèle de projection perspective.

La loi de commande la plus simple est celle de la décroissance exponentielle découplée de la fonction de tâche. Elle s'exprime sous la forme suivante :

$$\dot{e} = -\lambda\, e \quad\ldots\ldots\ldots\ldots\ldots\ldots\ldots\ldots\ldots\ldots\ldots (1.22)$$

Où λ est le facteur de réglage de la vitesse.

En considérant V_c comme entrée de commande, on obtient alors l'équation de base de l'asservissement visuel:

$$V_c = -\lambda\, L_s^+\, e \quad\ldots\ldots\ldots\ldots\ldots\ldots\ldots\ldots\ldots\ldots (1.23)$$

Avec L_s^+ est le pseudo-inverse de Moore-Penrose ($L_s^+ = L_s^T (L_s L_s^T)^{-1}$) de $\mathbf{L_s}$.

En pratique, les valeurs de la matrice d'interaction et de son pseudo-inverse ne sont pas connues précisément à chaque itération. On utilise souvent une estimation de L_s^+ notée $\widehat{L_s^+}$ telque :

$$V_c = -\lambda\, \widehat{L_s^+}\, e \quad\ldots\ldots\ldots\ldots\ldots\ldots\ldots\ldots\ldots\ldots (1.24)$$

Basées sur cette estimation, on distingue plusieurs formes de consignes en asservissement visuel selon la méthode d'optimisation choisie tel que la méthode de Gradient, la méthode de Gauss-Newton ou encore la méthode de Levenberg-Marquardt. La première forme est d'utiliser la matrice d'interaction à la position désirée Ls*, on parle ainsi d'asservissement visuel basé position. La seconde forme est d'utiliser la matrice d'interaction Ls avec des mesures images et une estimation de la profondeur, on parle ainsi d'asservissement visuel basé image. Enfin, la moyenne entre les deux autres lois permet d'assurer un domaine de convergence plus étendue, on parle alors d'asservissement visuel hybride.

On présente dans la section suivante avec plus de détails ces différentes techniques.

2.4. Techniques d'asservissement visuel

Comme on a dit précédemment, on peut distinguer trois techniques : l'asservissement visuel 3D, l'asservissement visuel 2D et l'asservissement visuel hybride.

2.4.1. Asservissement visuel 3D

Lorsque l'asservissement visuel utilise une erreur définie dans un espace tridimensionnel, on parle de "position-based visual servoing" ou d'asservissement 3-D **[HERMANN 2004]**. La figure **5.1** illustre cette technique. L'objectif est de contrôler le déplacement du robot dans l'espace cartésien. La grandeur à asservir correspond directement à l'attitude d'un repère lié rigidement à l'effecteur du robot par rapport à un repère attaché à l'objet d'intérêt.

L'avantage d'une mesure 3D est de spécifier la trajectoire de la caméra dans l'espace où elle est le plus facilement décrite, ce qui permet en plus d'assurer une trajectoire réalisable de la caméra dans l'espace.

L'inconvénient majeur de ce type d'asservissement est la nécessité d'une étape de reconstruction 3D permettant de fournir une mesure d'attitude. Cette dernière peut par exemple être obtenue par triangulation en utilisant un système de vision stéréoscopique calibré, ou par des techniques de reconstruction de pose dans le cas d'un capteur monoculaire.

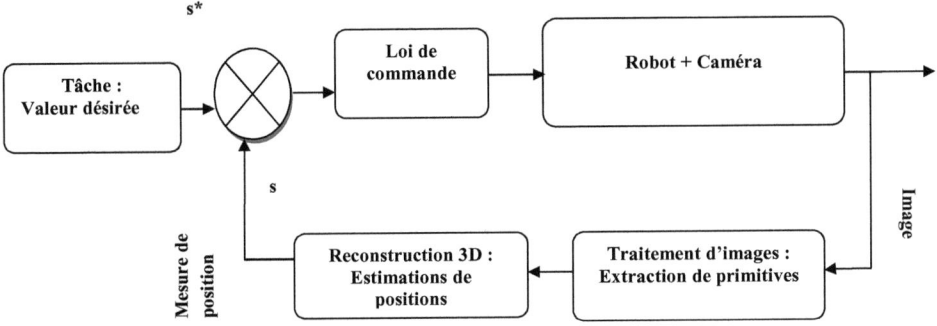

Figure 5.1: Principe de l'asservissement visuel 3D

2.4.1.1. Primitives visuelles 3D

Les primitives visuelles peuvent être sélectionnées en espace cartésien 3D comme la pose ou les coordonnées de points 3D **[Martinet 1996]**. Habituellement, le modèle d'objet et les mesures d'image sont utilisés, d'une part, pour calculer ou estimer la pose relative entre le cadre objet et celui de la caméra dans l'espace cartésien et d'autre part, pour reconstruire les coordonnées 3D.

Cette estimation peut se faire à l'aide des points de l'image, à l'aide de points et lignes de correspondance, en utilisant le point de correspondance de la région, à l'aide de courbes, ou à l'aide d'autres primitives géométriques différentes comme l'asservissement visuel virtuel. Les coordonnées 3D des points de l'objet peuvent être utilisées comme vecteur primitive, mais, il faut connaître à priori les paramètres de calibrage de la caméra.

2.4.1.2. Matrice d'interaction du paramétrage θu (3D)

Si la matrice de rotation R_c^{c*} concernant deux vues de la caméra est définie dans le paramétrage θu, la fonction d'erreur est donnée par **e** = (^{c*}**t**$_c$, θu) où ^{c*}**t**$_c$ ∈ $\mathbb{R}^k$ est le vecteur de translation.

La vitesse de la caméra associée à l'erreur de pose est donnée par **[Malis 1999]** :

$$e = \begin{bmatrix} R_c^{c*} & 0 \\ 0 & L_w(u,\theta) \end{bmatrix} V_c \quad \text{............ (1.25)}$$

Où

$$L_w(u,\theta) = I_3 + \frac{\theta}{2}[u]_x + \left(1 - \frac{\text{sinc}(\theta)}{\text{sinc}(\frac{\theta}{2})^2}\right)[u]_x^2 \quad \text{.......... (1.26)}$$

Avec $[u]_x$ est la matrice symétrique oblique associée à u et $I_3 \in \mathbb{R}^{3\times3}$ est la matrice identité.

2.4.1.3. Estimation de pose

Un des problèmes centraux en asservissement visuel 3D est la détermination de la pose relative et l'orientation de l'objet observé : c'est la pose par rapport à la caméra. D'une façon formelle, l'estimation de pose se fait à partir des correspondances entre des points d'une image et des points de l'espace, en d'autre terme la correspondance 2D-3D. Cette estimation peut se faire à l'aide d'un algorithme de localisation **[Martinet 1997]** ou à partir d'un filtre de Kalman. Pour obtenir une estimation de pose plus précise, différents filtres sont généralement utilisés pour estimer ses paramètres de transition et de rotation.

En asservissement visuel 3-D, la fonction d'estimation de pose utilise un modèle d'objet géométrique et observe les caractéristiques d'image pour estimer la pose cartésienne de l'objet. Malheureusement quelle que soit la méthode de reconstruction de pose utilisée, l'estimation de l'attitude est très sensible aux bruits de mesure et aux erreurs de calibrage du capteur visuel.

Il en résulte, après convergence de l'asservissement lorsque le régime permanent est atteint, un biais entre la position du robot et l'objet d'intérêt à atteindre. Cet inconvénient constitue le problème majeur de l'asservissement visuel 3D. De ce fait, il existe d'autres méthodes qui traitent ce défi en utilisant les réseaux de neurones et qui sera traitées dans le chapitre suivant.

2.4.2. Asservissement visuel 2D

Comme la montre la figure **6.1**, dans un asservissement visuel 2D ou encore "image-based visual servoing", **[Courtial 2009] [HERMANN 2004]** la grandeur à asservir est exprimée sous la forme de primitives visuelles dans l'image. Pour ce type d'asservissement, on parle également "d'asservissement référencé image". Contrairement à un asservissement visuel 3D, le contrôle du robot n'est pas effectué dans l'espace cartésien, mais directement dans l'image.

Lors d'un asservissement visuel 2D, l'erreur de positionnement mesurée dans les images entre l'effecteur du robot et la cible à atteindre est convertie directement en corrections angulaires. Autrement dit, l'erreur évaluée dans l'espace sensoriel est transformée directement en une consigne dans l'espace des commandes.

Cette approche présente l'avantage de ne pas nécessiter d'étape de reconstruction 3D puisque le contrôle du robot se fait directement dans l'image, et permet alors d'assurer la contrainte de visibilité. De plus, avec l'asservissement visuel 2D, le comportement des informations visuelles dans l'image est globalement satisfaisant (puisque le contrôle est fait à ce niveau). En outre, Cette approche présente l'avantage d'être robuste et stable.

L'inconvénient majeur d'une mesure 2D, est qu'elle n'assure pas une trajectoire réalisable de la caméra dans l'espace.

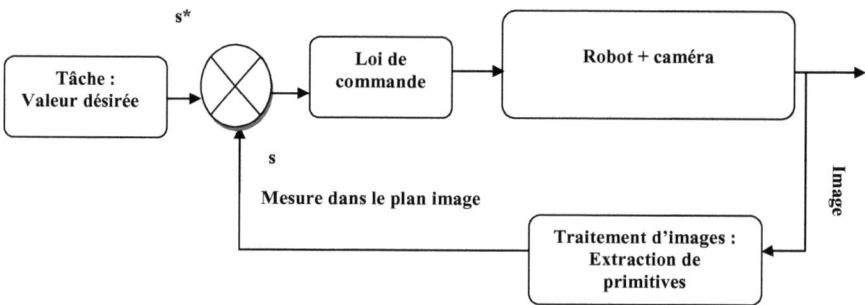

Figure 6.1: Principe général de l'asservissement visuel 2D d'un robot

2.4.2.1. Primitives visuelles 2D

Les primitives visuelles peuvent être sélectionnées dans l'espace image 2D comme étant des formes géométriques élémentaires qui proviennent de l'objet d'intérêt. Différents types de primitives peuvent être utilisés. Des coordonnées de points dans l'image sont les plus couramment utilisées. Les primitives peuvent également être des droites, des ellipses **[Chaumette 1990]**, des cylindres, des invariants projectifs, etc... Dans le cas des points de l'image, les coordonnées cartésiennes sont généralement utilisées, mais il serait également possible d'utiliser les coordonnées polaires et cylindriques. Dans tous les cas, les paramètres définissant la calibration de la caméra interne sont nécessaires.

Pour des scènes complexes qui ne contiennent aucune primitive géométrique simple, l'information du mouvement dans l'image ainsi que l'information photométrique d'une région d'intérêt de l'image peuvent être utilisée comme primitives visuelles puisqu'elles permettent une représentation générique non seulement capable de gérer des primitives géométriques simples, mais aussi des objets complexes avec des formes inconnues.

2.4.2.2. Matrice d'interaction de primitive des points d'image (2D) :

Quant à la matrice d'interaction Ls d'une primitive de point d'image, elle peut être obtenue comme suit : En considérant un point en 3D avec les coordonnées **X = (X, Y, Z)** dans le cadre de la caméra et à l'aide d'un modèle de projection perspective **[HORAUD 1995]**, le point **X** est projeté sur un point 2D **x** de coordonnées (x, y) dans le plan image tels que :

$$\begin{bmatrix} x \\ y \end{bmatrix} = \begin{bmatrix} X/Z \\ Y/Z \end{bmatrix} = \begin{bmatrix} (u - k_u)/f\alpha \\ (v - k_v)/f \end{bmatrix} \dots\dots\dots\dots\dots\dots\dots (1.27)$$

En prenant la dérivée temporelle de (**1.27**), nous obtenons :

$$\begin{bmatrix} \dot{x} \\ \dot{y} \end{bmatrix} = \begin{bmatrix} \dot{X}/Z - X\dot{Z}/Z^2 \\ \dot{Y}/Z - Y\dot{Z}/Z^2 \end{bmatrix} \dots\dots\dots\dots\dots\dots\dots (1.28)$$

Si la vitesse spatiale de la caméra est donnée par $V_c = (v_c, \omega_c)$ où $v_c = (vx, vy, vz)$ et $\omega_c = (\omega x, \omega y, \omega z)$ sont les vitesses linéaires et angulaires instantanées du centre de la caméra toutes deux exprimées dans **F**, alors, la vitesse du point X de coordonnées 3D lié à la vitesse de la caméra est définie à l'aide de l'équation fondamentale de cinématique $\dot{X} = -v_c - w_c * X$ tels que :

$$\begin{bmatrix} \dot{X} \\ \dot{Y} \\ \dot{Z} \end{bmatrix} = \begin{bmatrix} v_x - w_y Z + w_z Y \\ v_y - w_z X + w_x Z \\ v_z - w_x Y + w_y X \end{bmatrix} \quad\quad\quad (1.29)$$

En injectant les valeurs $\dot{X}$, $\dot{Y}$ et $\dot{Z}$ de (**1.29**) dans (**1.28**) en regroupant pour v_c et ω_c, nous obtenons le résultat classique [**Chaumette 2006**] :

$$\begin{bmatrix} \dot{x} \\ \dot{y} \end{bmatrix} = \begin{bmatrix} -\frac{1}{z} & 0 & \frac{x}{z} & xy & -(1+x^2) & y \\ 0 & -\frac{1}{z} & \frac{y}{z} & 1+y^2 & -xy & -x \end{bmatrix} \begin{bmatrix} v_c \\ w_c \end{bmatrix} \quad (1.30)$$

Qui peut s'écrire sous la forme

$$\dot{x} = L_X V_c \quad\quad\quad (1.31)$$

Où Lx est la matrice d'interaction liée à x. S'il y a un ensemble de k primitives points x = (x₁,..., xₖ), la matrice d'interaction Lx de x est obtenu par empilement Lxi pour tous xi ∈ x pour obtenir :

$$L_X = \begin{bmatrix} L_{x_1} \\ \vdots \\ L_{x_k} \end{bmatrix} \quad\quad\quad (1.32)$$

2.4.2.3. Estimation de la profondeur

Dans l'asservissement visuel 2D, le fait de fournir des informations sur la profondeur de l'objet dans le plan de la caméra est généralement nécessaire pour les calculs nécessaires pour obtenir la matrice d'interaction. Étant donné que la région de stabilité pour l'erreur dans l'estimation de la profondeur n'est pas très grande, Il est nécessaire de l'estimer avec précision.

Pour les objets statiques, cette estimation peut être obtenue par la mesure des valeurs actuelles des primitives des points x et y et leur mouvement $\dot{x}$ et $\dot{y}$ ainsi que la vitesse de la caméra [**Matthies 1989**]. Les paramètres de profondeur des primitives paramétriques planaires et volumétriques comme les points, lignes, cylindres, sphères, etc. peuvent être également obtenus.

Toute fois, la présence de singularités provoquant des instabilités dans les lois de commande est du à la cinématique inverse qui a pour rôle de faire contrôler un système par ses variables articulaires de manière à ce qu'il suive une trajectoire ou réalise une tâche bien précise. Cette singularité touche directement la matrice d'interaction. Ce problème se pose dans le cas ou les primitives visuelles ne sont pas adéquates ou leur nombre ne suffit pas pour contrôler tous les D.D.L du robot.

En réponse aux difficultés qui apparaissent dans l'asservissement visuel 2D et 3D, plusieurs méthodes qui ne reposent pas uniquement sur la matrice d'interaction ont été conçus pour améliorer le comportement des contrôles d'asservissement visuel. En effet, une commande basée sur une homographie estimée par un suivi quelconque est illustré par **[Benhimane 2007]** pour commander un robot à six degrés de liberté. **[Collewet 2011]** étudie l'asservissement visuel "direct" afin d'éviter les étapes de traitement d'images, tel que la segmentation ou le suivi de primitives. L'information mutuelle entre l'image courante et l'image désirée proposée par **[Dame 2012]** traite la robustesse d'un schéma de commande en terme d'occultations et de variations d'illumination.

D'autres commandes basées sur les réseaux de neurones seront détaillées par la suite.

2.4.3. Asservissement hybride 2-D½

C'est une technique élaborée par **[Malis 1999]** appelé aussi asservissement 2-½-D **[HERMANN 2004]**, c'est généralement une approche où la caméra est fixée sur l'organe terminal du robot. Il s'agit d'une variante de la loi de commande habituellement utilisée pour un asservissement dans l'image de la position d'une cible. Un schéma de principe de cette technique est élaboré dans la figure **7.1**.

On parle d'asservissement 2-D½ lorsque les informations utilisées comme mesures et consignes sont, pour certaines d'entre elles, exprimées dans l'image, et pour les autres dans le repère de la caméra. Cette approche est basée sur l'estimation de l'homographie qui relie l'image de plusieurs points. A partir de l'homographie estimée, il est possible de calculer le déplacement en rotation que la caméra doit effectuer pour atteindre une position désirée, ainsi que son déplacement en translation à un facteur d'échelle près. Un asservissement purement 3-D est impossible, par contre, la combinaison des informations 2-D et 3-D permet d'aboutir à une solution et l'approche peut être qualifiée d'hybride.

Les avantages apportés sont nombreux et significatifs: d'une part, il n'est plus nécessaire de connaître le modèle 3D des objets considérés, la localisation s'effectuant à partir de la mise en correspondance entre l'image courante et l'image désirée. D'autre part, le comportement du système est assez satisfaisant grâce au découplage apporté entre les degrés de liberté en translation et ceux en rotation. Ce découplage a permis en outre d'analyser la stabilité du système en présence d'erreurs de calibration et d'établir des conditions analytiques sur les erreurs des paramètres intrinsèques et extrinsèques du capteur de vision pour assurer cette stabilité.

Ainsi, l'erreur de rotation estimée est contrôlée directement avec les trois degrés de liberté en rotation du robot. Le mouvement le long de l'axe optique est contraint de manière à faire tendre le rapport des profondeurs entre la caméra et l'objet vers une valeur unitaire constante. Les deux degrés de liberté de translation parallèles au plan image servent à centrer la cible au milieu de l'image grâce aux coordonnées d'un point de l'objet. Deux boucles d'asservissement séparées se dessinent, une en rotation et l'autre en translation.

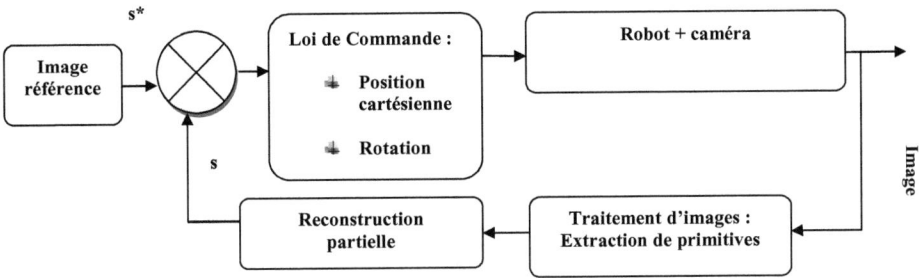

Figure 7.1: Principe de l'asservissement hybride 2-D½

En ce qui concerne les primitives hybrides, Plusieurs combinaisons entre les différents types de primitives visuelles peuvent être considérées : par exemple, un mélange composé de deux types de primitives 2D et 3D est présenté dans **[Malis 1999]**. Ce mélange est une solution lorsque qu'on tombe dans un minimum local **[Gans 07]** c'est-à-dire lorsque le robot converge vers une position différente de celle désirée (V_c=0 lorsque (s-s*) $\neq$0).

3. Conclusion

Les systèmes de commande basée sur la vision peuvent être divisés en deux catégories : ceux qui réalisent l'asservissement visuel dans l'espace opérationnel, aussi appelé asservissement visuel basé sur la position (3D), et ceux qui réalisent l'asservissement visuel dans l'espace image (2D). La principale différence réside dans le fait que les systèmes de commande de la première catégorie utilisent les mesures visuelles pour reconstruire la pose relative de l'objet par rapport au robot, ou vice versa, alors que les systèmes de la deuxième catégorie sont basés sur la comparaison des paramètres de l'image courants et désirés.

Il existe également des méthodes combinant des caractéristiques communes aux deux catégories, qui peuvent être classées comme asservissement visuel hybride.

Le formalisme de l'asservissement visuel en robotique présente divers problématiques en ce qui concerne la représentation de l'espace dans la boucle sensorimotrice. La mise en œuvre d'un réseau de neurones artificiels entrainé à partir de ce formalisme permet également de résoudre certains problèmes. C'est le sujet du prochain chapitre.

Chapitre 2

Approches neuronales en asservissement visuel

1. **Introduction**

De nombreuses architectures de réseaux ont été étudiées pour le contrôle des systèmes robot-vision, en utilisant des approches diverses de la commande et en exploitant différents types de réseaux et d'apprentissages.

Dans ce chapitre on va mettre l'accent sur ces architectures ainsi que les solutions apportées pour traiter certains problèmes d'asservissement visuel.

2. **Réseaux de neurones : Quelques notions**

Les premiers travaux sur les neurones artificiels ont débuté au début des années 1940 et ont été menés par McCulloch et Pitts. Ils décrivent les propriétés du système nerveux à partir de neurones idéalisés : ce sont des neurones logiques (0 ou 1). Dix années plus tard, on a constitué le premier modèle réel d'un réseau de neurones. En 1960, le premier perceptron est créé par Rosenblatt. Puis, durant les années 1970 il y eut une remise en cause de l'intérêt des réseaux car les ordinateurs de neurones apprenaient lentement, coûtaient très cher et leurs performances n'étaient pas si impressionnantes. La disponibilité croissante des minis et microordinateurs, vers la fin des années 1970, a permis aux réseaux de neurones de prendre un nouveau départ.

On associe en général aux RNAs un algorithme d'apprentissage permettant de modifier de manière plus ou moins adéquate le traitement effectué afin de réaliser une tâche donnée.

2.1. **Neurone artificiel**

Un neurone artificiel est un processeur qui applique une opération simple à ses entrées et que l'on peut relier à d'autres pour former un réseau qui peut réaliser une relation entrée-sortie quelconque. Autrement dis, il s'agit d'un processeur très simple qui calcule une somme pondérée et qui applique à cette somme une fonction de transfert non linéaire (échelon, sigmoïde, gaussienne, ...)

Un neurone artificiel reçoit un nombre variable d'entrées en provenance de neurones appartenant à un niveau situé en amont. À chacune de ces entrées est associé un poids w représentatif de la force de la connexion. Chaque processeur élémentaire (neurone) est doté d'une sortie unique, qui se ramifie pour alimenter un nombre variable de neurones appartenant à un niveau situé en aval. À chaque connexion d'entrée est associé un poids.

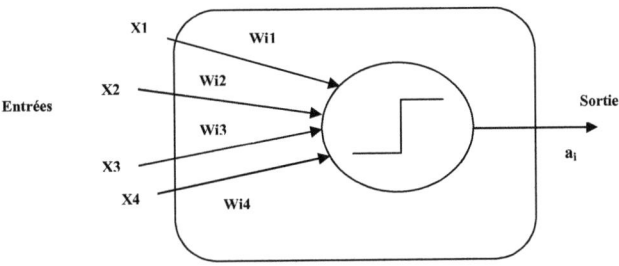

Figure 8.2: Neurone artificiel

2.2. Apprentissage des RNAs

L'apprentissage est vraisemblablement la propriété la plus intéressante des réseaux neuronaux. Donc c'est la phase de développement d'un réseau de neurones durant laquelle le comportement du réseau est modifié jusqu'à l'obtention du comportement désiré c'est-à-dire on calcule les poids des neurones de telle manière que les sorties du réseau soient aussi proches que possible des sorties désirées. L'apprentissage neuronal fait appel à des exemples de comportement.

Dans le cas des réseaux de neurones artificiels, on ajoute souvent à la description du modèle l'algorithme d'apprentissage. Le modèle sans apprentissage présente en effet peu d'intérêt. Dans la majorité des algorithmes actuels, les variables modifiées pendant l'apprentissage sont les poids synaptiques et les biais. L'apprentissage est la modification des poids du réseau dans l'optique d'accorder la réponse du réseau aux exemples et à l'expérience. Il est souvent impossible de décider à priori des valeurs des poids des connexions d'un réseau pour une application donnée.

Certains modèles de réseaux sont improprement dénommés à apprentissage permanent. Dans ce cas il est vrai que l'apprentissage ne s'arrête jamais, cependant on peut toujours distinguer une phase d'apprentissage (en fait de remise à jour du comportement) et une phase d'utilisation. Cette technique permet de conserver au réseau un comportement adapté malgré les fluctuations dans les données d'entrées.

L'apprentissage fait appel à des exemples de comportement du processus à modéliser. On classe l'apprentissage ainsi en deux catégories :

2.2.1. L'apprentissage supervisé

L'apprentissage est dit supervisé (back propagation) lorsque les exemples sont constitués de couples de valeurs du type : (valeur d'entrée, valeur de sortie désirée). Il consiste à calculer les coefficients synaptiques de telle manière que les sorties du réseau soient, pour les exemples utilisés lors de l'apprentissage, aussi proches que possibles des sorties "désirées".

La plupart des algorithmes d'apprentissage des réseaux de neurones formels sont des algorithmes d'optimisation : Ils cherchent à minimiser par des méthodes d'optimisation non linéaire une fonction coût qui constitue une mesure de l'écart entre les réponses réelles du réseau et ses réponses désirées. Cette optimisation se fait de manière itérative, en modifiant les poids en fonction du gradient de la fonction coût : Le gradient est estimé par une méthode spécifique aux réseaux de neurones, dite méthode de rétro-propagation, puis il est utilisé par l'algorithme d'optimisation proprement dit. Les poids sont initialisés aléatoirement avant l'apprentissage, puis modifiés itérativement jusqu'à obtention d'un compromis satisfaisant entre la précision de l'approximation sur l'ensemble d'apprentissage et la précision de l'approximation sur un ensemble de validation disjoint du précédent.

Tout le problème de l'apprentissage supervisé consiste, étant donné un vecteur d'apprentissage de n couples (x_i, y_i) i = 1, 2, …, n, à déterminer le vecteur des poids des neurones capables de prédire le même vecteur de sortie à partir du même vecteur d'entrée. On cite comme exemples dans cette approche : les réseaux multicouches et les méthodes à noyaux type Radial Basis Function.

2.2.2. L'apprentissage non supervisé

L'apprentissage est qualifié de non supervisé lorsque seules les valeurs d'entrée sont disponibles. Dans ce cas, les exemples présentés à l'entrée provoquent une auto-adaptation du réseau afin de produire des valeurs de sortie qui soient proches en réponse pour des valeurs d'entrées similaires.

Il peut être également utilisé dans un but de visualiser ou d'analyser des données : On dispose d'un ensemble de données, représentées par des vecteurs de grande dimension et l'on cherche à les regrouper selon des critères de ressemblance qui sont inconnus à priori. Ce type de tâches est connu en statistique sous le nom de méthodes "d'agrégation". On peut utiliser les réseaux de neurones non bouclés pour réaliser une tâche assez voisine : A partir des données décrites par des vecteurs de grande dimension, on cherche à trouver une représentation de ces données dans un espace de dimension beaucoup plus faible (typiquement de dimension 2) tout en conservant les "proximités" ou "ressemblances" entre ces derniers.

On cite comme exemple dans cette approche celle des cartes topologiques de Kohonen (Self-Organizing Feature Maps, SOFM)

2.3. Quelques modèles de RNA

Les connexions entre les neurones qui composent le réseau décrivent la « topologie » du modèle. Le plus souvent, cette topologie fait apparaître une certaine régularité de l'arrangement des neurones ; cependant, celui-ci peut être quelconque.

Nous présentons dans cette section les modèles de réseaux, utilisés pour le contrôle des systèmes robot-vision.

2.3.1. Réseau multicouche

Structure : Elle est parmi les architectures de réseaux les plus utilisées. Elle correspond à une organisation des neurones en ***n*** couches successives (n>= 3). Les neurones de la première couche, appelée couche d'entrée, voient leur activation forcée à la valeur des données d'entrée. La dernière est appelée couche de sortie. Les uniques connexions présentes dans ce type de réseau relient chaque neurone avec l'ensemble de ceux de la couche suivante. La propagation de l'information se déroule alors en un sens unique depuis la couche d'entrée vers la couche de sortie.

Les réseaux de cette classe sont dénommés perceptrons multi-couches ou plus simplement réseaux multi-couches.

La fonction d'activation utilisée pour les neurones doit être une fonction croissante et dérivable. Elle est souvent une fonction sigmoïde de la forme :

$$f(x) = \frac{1}{1+exp(-x)}$$ .... (2.1)

Cette fonction prend pour argument la somme pondérée des entrées du neurone :

$$e_i = \sum_j W_{ij} a_j + b_i$$ .... (2.2)

Où **j** parcourt l'ensemble des neurones qui envoient une connexion vers le neurone **i**, **W ij** est le poids de la connexion entre le neurone **j** et le neurone **i** et **bi** est un paramètre optionnel appelé biais.

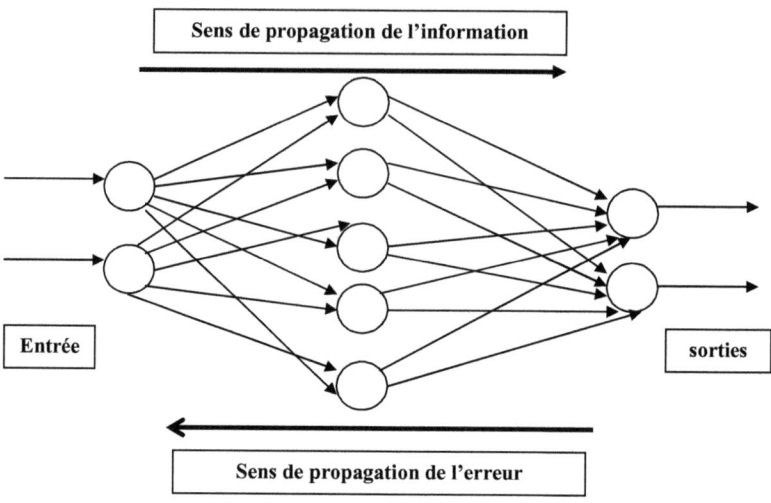

Figure 9.2: Un réseau multicouche comportant 2 neurones d'entrée, 5 neurones cachés et 2 neurones de sortie

Apprentissage : L'algorithme de rétropropagation de l'erreur est le plus connu pour réaliser l'adaptation des réseaux multicouches. Il s'agit d'une méthode d'apprentissage supervisée, basée sur la modification des poids du réseau dans le sens inverse à celui du gradient de l'erreur par rapport à ces poids. Nous allons présenter brièvement cet algorithme, qui se fond sur le calcul des dérivées partielles successives de la fonction erreur.

L'indice de performance utilisé est l'erreur quadratique :

$$J = \frac{1}{2}\sum_j (a_i - s_i)^2 \quad \ldots\ldots\ldots\ldots\ldots\ldots\ldots\ldots (2.3)$$

Où **i** parcourt les indices des neurones de sortie, **ai** représente la sortie calculée et **si** représente la sortie désirée pour ces neurones. Les poids du réseau sont modifiés en suivant la règle :

$$\Delta W_{ij} = -\eta \frac{\partial J}{\partial w_{ij}} \quad \ldots\ldots\ldots\ldots\ldots\ldots\ldots\ldots (2.4)$$

Où $-\eta$ est une constante positive appelée pas du gradient. Le calcul de la quantité $\frac{\partial J}{\partial W_{ij}}$ se fait de la couche de sortie vers la couche d'entrée. Cette propagation suivant le sens contraire de celui de l'activation des neurones du réseau justifie le nom de l'algorithme. Le calcul est décomposé de la manière suivante :

$$\frac{\partial J}{\partial W_{ij}} = \frac{\partial J}{\partial a_i}\frac{\partial a_i}{\partial e_i}\frac{\partial e_i}{\partial W_{ij}} \quad \text{.................................. (2.5)}$$

En posant $\boldsymbol{\delta_i} = \frac{\partial J}{\partial a_i}\frac{\partial a_i}{\partial e_i}$, on obtient : $\frac{\partial J}{\partial W_{ij}} = \boldsymbol{\delta_i}\frac{\partial e_i}{\partial W_{ij}}$ Et comme on a $\frac{\partial e_i}{\partial W_{ij}} = \boldsymbol{a_j}$

Alors $\Delta W_{ij} = -\eta \delta_i a_j$ .... (2.6)

La quantité $\boldsymbol{\delta_i}$ désigne la contribution à l'erreur du neurone **i**. Dans le cas où **i** est l'indice d'un neurone de sortie, on obtient :

$$\frac{\partial J}{\partial a_i} = a_i - s_i \quad \text{.................................. (2.7)}$$

$\frac{\partial a_i}{\partial e_i} = \boldsymbol{f'(e_i)}$ Et par suite : $\boldsymbol{\delta_i = f'(e_i)(a_i - s_i)}$

Et dans le cas où **i** est l'indice d'un neurone caché, on a:

$$\frac{\partial J}{\partial a_i} = \sum_k \frac{\partial J}{\partial a_k}\frac{\partial a_k}{\partial a_i} \quad \text{.......................... (2.8)}$$

Où **k** parcourt les indices de tous les neurones vers lesquels le neurone **i** envoie une connexion.

Le calcul donne :

$$\frac{\partial J}{\partial a_k}\frac{\partial a_k}{\partial a_i} = \frac{\partial J}{\partial a_k}\frac{\partial a_k}{\partial e_k}\frac{\partial e_k}{\partial a_i} = \delta_k \frac{\partial e_k}{\partial a_i} = \delta_k W_{ki} \text{ ...... (2.9)}$$

Nous obtenons alors :

$$\frac{\partial J}{\partial a_i} = \sum_k \delta_k W_{ki} \quad \text{.. (2.10)}$$

$$\text{Et } \delta_i = f'(e_i) \sum_k \delta_k W_{ki} \quad \text{............................ (2.11)}$$

Propriétés : Cet algorithme montre sa capabilité de résoudre un grand nombre de problèmes d'identification, de classification et de reconnaissance de formes. Ainsi, il a donné lieu à grand nombre d'applications, néanmoins il présente de nombreux inconvénients, parmi lesquels :

- L'apprentissage est très lent : le temps de calcul est une des limitations importantes;
- Une grande sensibilité aux conditions initiales, c'est-à-dire à la manière dont sont initialisés les poids des connexions et la valeur du pas d'itération ;
- Plusieurs problèmes sont dus à la géométrie de la fonction d'erreur (minimums locaux).
- Le problème de dimensionnement du réseau : la rétro-propagation apprend une base d'apprentissage sur un réseau dont la structure est fixée à l'avance. Cette structure est définie par le nombre de couches cachées, le nombre de neurones par couche et la topologie des connexions. Si la structure du réseau est mal choisie, cela peut dégrader considérablement ses performances.

2.3.2. RNA à fonctions de base radiales

Structure : Nous présentons ici un deuxième modèle de réseaux utilisé dans le formalisme d'asservissement visuel. Il s'agit des réseaux à fonctions de base radiale (FBR) ou plus simplement les réseaux à base radiale proposés par Moody et Darken. On retrouve la même structure comportant une couche d'entrée, une couche cachée et une couche de sortie. La principale différence vient du fait que chaque neurone caché ne réagit ici qu'à une petite partie de l'espace d'entrée (sa zone d'influence).

Pour un réseau comportant **n** entrées et **m** unités cachées, l'activation des neurones cachés est donnée par une fonction de type gaussienne (les fonctions d'entrée et d'activation sont confondues) :

$$a_i = exp\left(-\frac{1}{2}\sum_{k=1}^{n}(e_k - c_{k,i})^2 / \sigma_{k,i}^2\right) = \prod_{k=1}^{n} exp\left(-\frac{\frac{1}{2}(e_k - c_{k,i})^2}{\sigma_{k,i}^2}\right) \ldots (2.12)$$

Où **i** présente l'indice du neurone, **k** parcourt l'ensemble des entrées notées e_k, $c_{k,i}$ sont les centres des gaussiennes et $\sigma_{k,i}$ désigne leur variances.

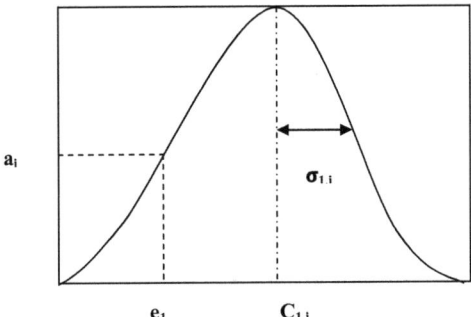

Figure 10.2: Fonction d'activation de type gaussienne à une seule entrée

Chacun de ces neurones ne s'active donc pas de manière significative que si les valeurs d'entrée sont relativement proches des centres des gaussiennes. Les connexions provenant des neurones d'entrée ne sont pas pondérées. L'activation d'un neurone de sortie d'indice **i** est donnée par :

$$a_i = \frac{\sum_{j=1}^{m} w_{ij} a_j}{\sum_{j=1}^{m} a_j} \ldots\ldots\ldots\ldots\ldots\ldots (2.13)$$

Où **j** correspond à l'ensemble des indices des neurones cachés.

Le terme $\sum_{j=1}^{m} a_j$ est appelé facteur de normalisation. La division par ce terme n'est pas obligatoire. On parle de réseau normalisé lorsqu'il est employé.

Apprentissage : l'apprentissage se fait dans ces réseaux par variation des poids des connexions entre les neurones cachés et les neurones de sortie, des centres et des variances des gaussiennes. On réalise de même une descente du gradient ayant pour but de minimiser l'erreur quadratique, les variations des différents paramètres sont données par les règles suivantes :

$$\Delta W_{ij} = -\eta \frac{\partial J}{\partial W_{ij}} \quad \text{.. (2.14)}$$

$$\Delta c_{i,k} = -\eta \frac{\partial J}{\partial c_{i,k}} \quad \text{.. (2.15)}$$

$$\Delta \sigma_{i,k} = \eta \frac{\partial J}{\partial \sigma_{i,k}} \quad \text{.. (2.16)}$$

En posant R=$\sum_{j=1}^{m} a_j$ (facteur de normalisation) on obtient :

$$\frac{\partial J}{\partial W_{ij}} = \frac{\partial J}{\partial a_i} \frac{\partial a_i}{\partial W_{ij}} = \frac{(a_i - s_i) a_j}{R} \quad \text{........................ (2.17)}$$

$$\frac{\partial J}{\partial c_{j,k}} = \frac{\partial J}{\partial a_j} \frac{\partial a_j}{\partial c_{j,k}} \quad \text{.. (2.18)}$$

Et $\quad \dfrac{\partial J}{\partial \sigma_{j,k}} = \dfrac{\partial J}{\partial a_j} \dfrac{\partial a_j}{\partial \sigma_{j,k}} \quad \text{................................ (2.19)}$

Où *i* est l'indice d'un neurone de sortie et *j* est l'indice d'un neurone caché,

$$\frac{\partial J}{\partial a_i} = \sum_i \frac{\partial J}{\partial a_i} \frac{\partial a_i}{\partial a_j} = \sum_i (a_i - s_i)(W_{ij} R - \sum_k W_{ik} a_k)/R^2 \text{..... (2.20)}$$

Où *i* parcourt les indices des neurones vers lesquels le neurone *j* envoie des connexions (neurones de sortie), avec :

$$\frac{\partial a_j}{\partial c_{j,k}} = \frac{a_j (e_k - c_{j,k})}{\sigma_{j,k}^2} \quad \text{.. (2.21)}$$

$$\frac{\partial a_j}{\partial \sigma_{j,k}} = \frac{a_j(e_k-c_{j,k})^2}{\sigma_{j,k}^3} \dots\dots\dots\dots\dots\dots\dots\dots\dots\dots\dots\dots (2.22)$$

Propriétés : Tout comme le cas des réseaux multicouches, les réseaux à base radiale sont des approximateurs universels. Mais, les deux modèles possèdent des propriétés différentes.

Le calcul de l'activation d'un réseau de type FBR ne fait intervenir qu'un petit nombre de neurones, dont la zone d'influence comprend les données d'entrée.

Le traitement de l'information n'est plus d'une façon distribuée entre l'ensemble des unités comme dans les réseaux multi-couches. La modification d'un paramètre du réseau n'influence que localement. Elle n'affecte que le traitement d'une partie du domaine d'entrée. L'apprentissage de nouveaux exemples après la phase initiale d'adaptation présente donc moins de risque de dégrader les performances globales du réseau.

Ce modèle souffre comme même d'un inconvénient par rapport aux réseaux multi-couches puisque contrairement à ceux-ci, son domaine d'apprentissage (i.e. domaine dans lequel il réalise une approximation satisfaisante) est strictement borné. Ce dernier se limite en effet aux zones d'influence des neurones cachés, en dehors desquelles le réseau est inapte d'extrapoler. Lorsque la dimension ou la taille du domaine d'entrée est assez importante, le nombre de neurones cachés nécessaires peut devenir considérable et dans ce cas l'emploi de réseaux multi-couches peut être plus approprié.

2.3.3. Les cartes de Kohonen

Les tâches robotiques pouvant être intéressante sont au titre d'exemple le suivi de cible, ou encore atteindre une cible quelconque de l'espace 3D, avec plus ou moins de contraintes. L'algorithme d'apprentissage du réseau de neurones qui compose le contrôleur robotique doit avoir certaines capacités telles que l'apprentissage en ligne et une capacité d'adaptation permanente. De celle la vient l'importance des cartes de Kohonen.

Structure : La carte auto-organisatrice, désignée par carte SOM ("Self-Organizing Map"), et développée par Kohonen en 1982 est relativement faciles à mettre en œuvre et bénéficie d'un apprentissage efficace dû aux principes de compétition et d'adaptation entre les neurones.
De nombreux raffinements et différentes variantes ont depuis été élaborés.

Les neurones d'une carte auto-organisatrice sont disposés sur une grille régulière multidimensionnelle. La plupart des applications se limitent à des grilles qui ne dépassent pas trois dimensions. Au delà, l'interprétation des données devient difficile. La notion de grille de neurones est un artifice théorique permettant d'introduire des interactions entre les neurones à travers une notion fondamentale pour ce type de réseau neuronal : le concept de voisinage.

Un neurone actif va ainsi pouvoir influencer ses neurones les plus proches dans la grille. Il s'agit d'une qualité essentielle des cartes, puisque l'apprentissage sera ainsi à la fois plus rapide et plus stable.

Tous les neurones de la grille, considérés comme étant une partie d'une seule couche, sont reliés à une couche d'entrée et toutes les valeurs présentées en entrée à un instant k, sont regroupées dans un vecteur d'entrée.

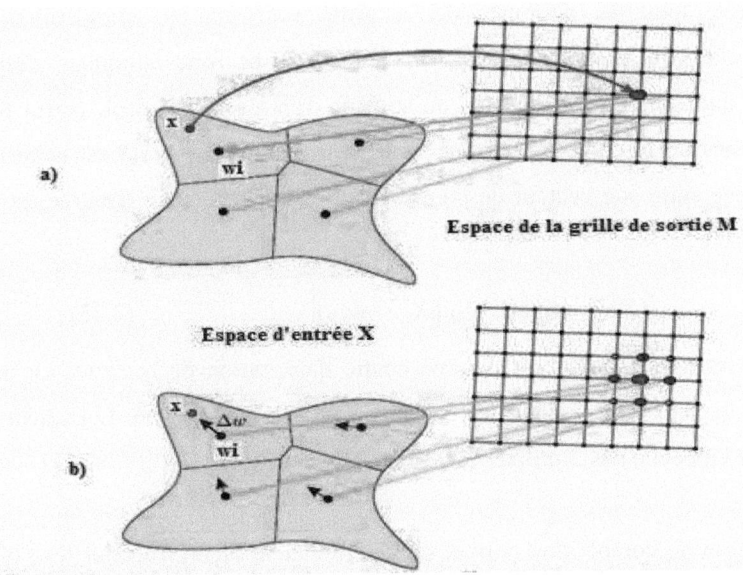

**Figure 11.2 [HERMANN 2004]: Une carte de Kohonen bidirectionnelle
L'étape de compétition est représentée en a) et l'étape d'adaptation des
poids du neurone vainqueur, et celle des poids de ses quatre plus proches
voisins est représentée en b)**

Apprentissage : L'apprentissage de la carte de Kohonen se déroule en deux phases pour chaque point de l'espace d'entrée présenté : une phase de compétition entre les neurones de la carte, complétée par une phase d'adaptation des poids des neurones.

Si on considère X un espace de taille m dans lequel est répartie une distribution de points, chaque point est représenté par un vecteur $x \in X$.

Soit M une grille de neurones de dimension M. Le vecteur poids synaptique w de chaque neurone a une représentation dans l'espace d'entrée et il peut être considéré comme étant un vecteur de référence. De cette manière, à un instant k où est présenté un vecteur prototype x_k tiré de la distribution de l'espace d'entrée, tous les neurones de la grille sont mis en compétition. Cette compétition se traduit par le fait de chercher un neurone vainqueur, c'est-à-dire celui qui se rapproche le plus du vecteur d'entrée. Autrement, parmi tous les neurones de la carte, le neurone vainqueur d'indice $\mathbf{i_k} = \mathbf{i(x_k)}$ est celui dont la distance entre son vecteur de poids synaptique et le vecteur d'entrée est la plus minimale :

$$i(X) = \arg\min_{j \in M} \|X_k - w_{j,k}\| \quad \ldots\ldots\ldots\ldots\ldots (2.23)$$

Le neurone vainqueur est nommé centre d'excitation de la carte. La distance généralement utilisée entre les vecteurs **x** et **w** est la distance Euclidienne mais ceci n'empêche pas d'utiliser autre calcul de distance.

La phase de compétition permet de déterminer la façon d'ajuster les poids des neurones de la carte. En effet, les vecteurs poids synaptiques **wj** des neurones d'indice **j** de la carte auto organisatrice sont mis à jour par correction d'erreur, définie comme étant la distance entre le vecteur de prototype **x** et le vecteur de référence **wj** du neurone considéré :

$$w_{j,k+1} = w_{j,k} + \Delta w_{j,k} = w_{j,k} + \eta_k h_{j,i(X_k),k}(X_k - w_{j,k}) \quad \ldots\ldots (2.24)$$

Avec $\Delta w_{j,k} = \eta_k h_{j,i(X_k),k}(X_k - w_{j,k}) \quad \ldots\ldots\ldots\ldots\ldots\ldots (2.25)$

Où $\boldsymbol{\eta_k}$ est le coefficient d'apprentissage et, $\boldsymbol{h_{j,i(X_k),k}}$ représente une fonction de voisinage. L'adaptation des poids de chaque neurone est en fonction de la position d'un neurone dans la grille M par rapport au neurone choisi.

Le coefficient d'apprentissage est en général en fonction du temps afin de rendre l'apprentissage plus performant, il est de type :

$$\eta_k = \left(\frac{\eta_f}{\eta_i}\right)^{\frac{k}{k_{max}}} \quad \ldots\ldots\ldots\ldots\ldots\ldots\ldots\ldots (2.26)$$

Où η_i est la valeur initiale du coefficient, η_f représente sa valeur finale, et k_{max} signale la durée de l'apprentissage.

La fonction Gaussienne est la fonction de voisinage généralement adoptée. Cette fonction est centrée sur le neurone mentionné vainqueur après la phase de compétition qui a suivi la présentation d'un vecteur d'entrée.

La fonction de voisinage tient compte de sa distance par rapport à la position du neurone vainqueur afin de pouvoir pondérer la correction des poids synaptiques $\Delta w_{j,k}$ du neurone **j** à l'instant *k*. Soit $d_{j,i}$ la distance entre le neurone vainqueur d'indice **i** et un neurone voisin d'indice **j**. Cette distance ne s'exprime pas dans l'espace des entrées mais dans l'espace topologique de la carte, soit donc :

$$d_{j,i}^2 = \|j - i\|^2 \quad \ldots\ldots\ldots\ldots\ldots\ldots (2.27)$$

La fonction de voisinage $h_{j,i(X_k),k}$ s'écrit alors :

$$h_{j,i(X_k),k} = \exp\left(-\frac{d_{j,i}^2}{2\sigma^2}\right) \quad \ldots\ldots\ldots\ldots (2.28)$$

Où σ représente un rayon de voisinage qui peut être dépendant du temps selon l'expression suivante :

$$\sigma_k = \sigma_i \left(\frac{\sigma_f}{\sigma_i}\right)^{\frac{k}{k_{max}}} \quad \ldots\ldots\ldots\ldots\ldots (2.29)$$

Avec σ_i et σ_f sont respectivement sa valeur initiale et sa valeur finale. Lorsque **j=i**, alors le voisinage pour le neurone vainqueur vaut $h_{i,i,k} = 1$

Propriétés : La particularité de la carte auto-organisatrice de Kohonen réside dans l'emploi d'une fonction de voisinage. La carte SOM se caractérise par un mode d'apprentissage dit non supervisé. Uniquement les données issues de l'espace des entrées sont nécessaires à l'apprentissage.

Les propriétés essentielles des cartes topologiques sont leurs interprétations géométriques. Les cartes SOM sont reconnues pour leur attitude à traiter des grandeurs topologiques.

Le vecteur poids synaptique associé à chaque neurone définie la position du neurone dans un espace dans lequel sont tirés les points de la distribution d'entrée à apprendre.

Pratiquement, au départ, l'initialisation des poids se fait aléatoirement dans un espace contenu dans l'espace à apprendre. Au cours de l'apprentissage, les neurones vont se déplacer dans l'espace d'entrées en déformant et en étirant la grille. Une fois, il y a suffisamment de prototypes de l'espace d'entrée, les neurones de la grille sont répartis, après apprentissage, de façon plus ou moins régulière dans l'espace d'entrée. Chaque neurone représente ainsi un centre d'attraction. Les sorties de la carte SOM définissent les régions d'influence comme étant l'ensemble des points les plus proches des **wj** au sens de la distance utilisée.

Dans le principe de fonctionnement d'une carte SOM, on distingue deux grands principes récurrents dans le domaine des réseaux neuronaux, en plus d'une phase d'apprentissage : la compétition et la coopération :

- La compétition intervenant dans le choix du neurone vainqueur : c'est à dire distinguer parmi tous les neurones, le plus apte à répondre, traduit dans un sens géométrique par le plus proche du vecteur d'entrée proposé.
- La coopération intervenant dans le partage des connaissances en utilisant la fonction de voisinage : lorsqu'un neurone a été choisi pour jouer le rôle du centre d'excitation de la carte, il partage ses connaissances avec ses voisins les plus proches en les forçant à s'adapter.

La compétition et la coopération ainsi que l'interprétation géométrique des cartes auto-organisatrices, rendent les réseaux neuronaux très intéressants pour les applications de commande robotique.

La section suivante entame l'utilisation des réseaux de neurones dans la chaine d'asservissement visuel.

3. Application des réseaux de neurones en asservissement visuel

En associant l'approche d'asservissement visuel avec les capacités d'apprentissage et d'adaptation des réseaux de neurones, nous pouvons obtenir des algorithmes de gestion de mouvements robotiques d'une très grande souplesse qui faisaient acquérir certaines propriétés:

- les trajectoires sont parfaitement prévisibles dans l'image caméra,
- à chaque instant, et même pendant le mouvement du bras, la cible peut être redéfinie *(repositionnée)* permettant ainsi au robot d'atteindre une cible mobile (ou accidentellement déplacée), ou de suivre une trajectoire sans marquer d'arrêts aux points de passage spécifiés,
- les caméras peuvent être déplacées, même durant une manipulation.
- aucune donnée sur la géométrie du robot n'est nécessaire.

Parmi les travaux relatifs à ce domaine, on peut dégager une classification portant sur les aspects suivants :

- structure de contrôle : boucle ouverte ou boucle fermée
- type de commande : géométrique, cinématique ou dynamique (modèle inverse ou direct)
- système de vision embarqué ou fixe (monoculaire ou stéréoscopique)
- type de réseau utilisé : apprentissage supervisé ou non supervisé
- robot manipulateur, robot mobile ou robot anthropomorphique
- type de tâche à effectuer : positionnement, suivi de trajectoire ...

Les différents travaux portant sur le contrôle neuromimétique ont permis de montrer la capacité d'un réseau de neurones à effectuer un positionnement visuel avec un degré de précision similaire à celui obtenu par des techniques analytiques. Mais les méthodes présentées dans la littérature sont souvent coûteuses en temps d'apprentissage (ou bien peu précises lorsque l'apprentissage est réduit) et ne permettent pas une implémentation réaliste sur une plate-forme expérimentale. Par exemple, l'implémentation de contrôleurs à apprentissage supervisé nécessite des phases d'apprentissage sur l'ensemble de l'espace de travail pour approximer la transformation désirée afin de permettre au robot d'effectuer des applications génériques simples répétitives ou complexes non répétitives.

De plus, beaucoup d'approches n'ont été validées que par des simulations et souvent avec des hypothèses simplifiées (nombre réduit de degrés de liberté, etc ...). On peut d'ailleurs déplorer le peu d'informations disponible sur la comparaison des différentes approches neuronales en robotique.

En effet, depuis les premiers travaux de [**Shirai 1973**] (qui décrit comment une boucle de contre-réaction visuelle peut être employée pour corriger la position d'un robot pour augmenter la précision des tâches), des efforts considérables ont été consacrés au contrôle visuel des robots manipulateurs [**Li 2010**]. Le système d'asservissement visuel d'un robot traditionnel est basé sur la technique de calibrage dont on doit savoir les paramètres intrinsèques de la caméra, la transformation main-œil, et les paramètres cinématique du robot, de sorte que la précision de contrôle du système asservi dépende en grande partie de la précision du calibrage [**Huang 2010**].

Afin de simplifier l'algorithme de contrôle et améliorer l'efficacité du système de contrôle, beaucoup de chercheurs ont fait des tentatives de concevoir un système d'asservissement visuel basé sur les réseaux de neurones, en exploitant leur capacité très intense à apprendre et à estimer des fonctions non linéaires et en essayant de remédier aux différents problèmes rencontrés en asservissement visuel classique, en effet :

- Certaines techniques de calibration utilisent les réseaux de neurones, soit pour apprendre la correspondance entre le repère monde 3D vers le repère 2D dans l'image sans préciser les modèles de caméras, ou comme une étape supplémentaire pour améliorer la performance des autres techniques existantes.

- Un réseau de neurones peut émuler la réponse d'un système complet sans aucune connaissance conceptuelle de la dynamique du système. Cela rend les réseaux de neurones une option viable pour l'estimation de la jacobienne, car il n'ya pas une seule jacobienne exacte et constante qui relie n'importe quelle position de l'image à n'importe quelle configuration articulaire de robot.

- Des systèmes neuronales traitent le problème de coordination main-œil appelé encore coordination sensori-motrice qui se résume par le fait de faire positionner l'effecteur d'un bras manipulateur sur une cible à l'aide de la stéréovision.

Un aperçu sur certains de ces systèmes est décrit par la suite.

3.1. Commande neuronale et asservissement visuel 2D

En asservissement visuel 2D, on utilise généralement les réseaux de neurones pour compenser le problème de calibrage de la caméra, le problème du modèle inverse du robot ou les deux problèmes à la fois.

3.1.1. Problème de calibrage de caméra

En 1999, **[Ahmed 1999]** a présenté une approche neurale pour définir la matrice de transformation projective entre les points tridimensionnels du repère monde et les pixels bidimensionnels correspondants dans le plan image. Le réseau neuronal inclut les paramètres intrinsèques et extrinsèques de la caméra.

En commençant par des poids initiaux aléatoires, le réseau peut spécifier les paramètres de modèle de caméra satisfaisant les contraintes d'orthogonalité de la transformation rotative. La technique proposée intitulée « neuro-calibration » est utilisée pour résoudre quatre différents types de problèmes de calibrage existants dans les applications de vision par ordinateur :
- Type 1: pour estimer tous les paramètres de la caméra simultanément.
- Type 2: pour estimer tous les autres paramètres de la caméra donnant le centre de l'image.
- Type 3: pour estimer les paramètres extrinsèques, compte tenu des paramètres intrinsèques.
- Type 4: pour estimer les paramètres intrinsèques, compte tenu des paramètres extrinsèques.

En outre, elle peut être étendue au problème plus difficile pour calibrer des caméras à lentilles actives automatisées. La validité et la performance de son technique sont testées avec des données synthétiques dans des conditions de bruit différentes et avec des images réelles.

En effet, l'intérêt d' **[Ahmed 1999]** était d'employer un réseau de neurones pour apprendre, d'une part, la correspondance entre les points 3D du repère monde et celle des points pixeliques 2D dans le repère image qui minimise l'erreur et d'autre part, pour extraire la matrice de projection et les paramètres de la caméra. Ainsi, la structure du réseau est définie en conséquence. Il s'agit d'un réseau de neurones multicouche à rétro-action (« multi-layer feed-forward neural network » MLFN) à deux couches de neurones. L'entrée a trois neurones, plus une entrée supplémentaire fixée à 1. Ces neurones correspondent à trois coordonnées **X, Y, Z** d'un point 3D. Le nombre d'unités de sortie est aussi au nombre de trois, et la couche cachée comprend quatre neurones (trois plus un fictif). Les neurones cachés et de sortie ont des fonctions d'activation unitaire. La matrice de poids de la couche cachée est supposée correspondre à la matrice des paramètres extrinsèques, alors que la matrice de poids de la couche de sortie correspond à la matrice de paramètres intrinsèques.

En 2006, une nouvelle approche est proposée par **[Zong 2006]** basée sur le réseau à fonctions de base radiale (RBF) pour résoudre le problème de calibrage de la caméra dans l'asservissement visuel. Dans cette approche, une étendue à entrées multiples et sorties multiples est appliquée pour la construction d'un réseau RBF avec des nœuds accordables. L'algorithme proposé est entièrement automatique et l'utilisateur n'a pas besoin de spécifier un critère de terminaison pour le processus de construction. En outre, il permet de faire la calibration de la caméra automatiquement et rapidement.

Ce réseau RBF, décrit par la figure **12.2**, a été utilisé pour trouver les relations entre les coordonnées 3-D d'un point de contrôle et son projection dans le plan image. Les entrées du réseau sont deux coordonnées d'image (u_1, v_1) et (u_2, v_2), les sorties sont les coordonnées 3D (X, Y, Z) du point dans le plan monde.

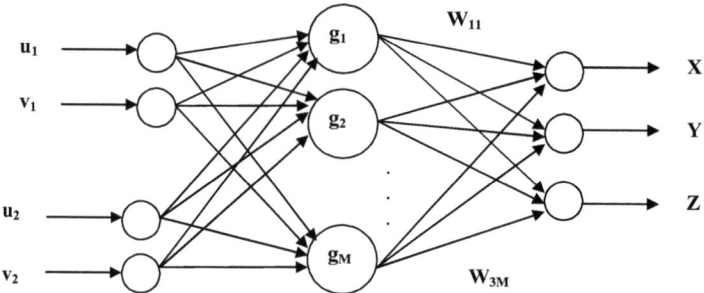

Figure 12.2 [Zong 2006]: un contrôleur neuronal à base de réseaux RBF pour la calibration de caméra

3.1.2. Problème des paramètres cinématique du robot

[**Sukavanam 2007**] a présenté en 2007 un réseau de neurones pour le positionnement d'un robot et son suivi à l'aide de la rétroaction visuelle monoculaire directe. L'information visuelle est fournie en utilisant une caméra montée sur l'extrémité de l'effecteur du manipulateur. Un contrôleur cinématique PI est proposé pour réaliser la commande de mouvement objectif dans le plan image.

En effet, [**Sukavanam 2007**] a décrit la conception d'un algorithme de contrôle basé image pour le repérage d'un objet se déplaçant le long d'une courbe inconnue. Le problème du contrôle est de trouver une loi de commande de sorte qu'il contrôle l'erreur dans le plan image. Le contrôleur est conçu comme une combinaison d'un régulateur PI cinématique et un contrôleur de réseau neuronal (FFNN), en anglais « Feed-forward Neural Network », dont son rôle est de calculer le couple de signaux requis à la fois pour obtenir le suivi et compenser la dynamique du robot.

L'erreur, définie entre l'image réelle et les positions d'image souhaitées, est transmis au contrôleur PI qui calcule les entrées de vitesse d'articulation nécessaire pour tendre les erreurs dans le plan d'image à zéro. Puis, le contrôleur FFNN est conçu de telle sorte que les vitesses articulaires du robot convergent vers les entrées de vitesse donnée. Ce contrôleur n'assume aucune connaissance préalable du modèle de robot comme le cas des autres schémas adaptatifs. Les résultats des simulations sont réalisés pour un robot manipulateur articulé à 3 degrés de liberté.

En 2008, **[Zhao 2008]** a utilisé un réseau de neurones à fonction d'ondelette pour acquérir la relation compliquée non linéaire entre les primitives de l'image et les commandes de contrôle du robot. Les étapes comprennent des données d'échantillonnage, le modèle d'apprentissage, et l'asservissement visuel d'un robot. L'étape d'asservissement consiste à acquérir une image, le transformant en caractéristiques, calculer les articulations du robot par le réseau neuronal entraîné, communiquer et contrôler le robot à se déplacer, jusqu'à ce que les caractéristiques de l'image souhaitée soient atteintes.

Les expériences sont réalisées avec succès sur un vrai système robot-vision. Le robot a six degrés de liberté. Par conséquent les entrées du réseau neural devraient être les erreurs de six primitives d'image :

$\Delta y_1, \Delta y_2, \dots \Delta y_6 (\Delta y_i = y_i - y_i^d, i = 1, \dots, 6)$

Et les sorties sont les erreurs de six angles d'articulations du robot :

$\Delta \theta_1, \Delta \theta_2, \dots \Delta \theta_6 (\Delta \theta_i = \theta_i - \theta_i^d, i = 1, \dots, 6)$

Où $y_i^d (i = 1, \dots, 6)$ et $\theta_i^d (i = 1, \dots, 6)$ sont les primitives d'image et les angles d'articulations du robot à la position désirée.

Les sorties du réseau neural peuvent être exprimées comme suit:

$$\Delta\theta_k = \sum_{j=1}^{N_2} v_{kj}\, \psi\left(\sum_{i=1}^{N_1} w_{ji}\, \Delta\xi_i - b_j\right) + c_k, k = 1,2,\ldots,N_3 \ldots. (2.30)$$

Où N_1, N_2 et N_3 sont respectivement, le nombre de neurones dans la couche d'entrée, la couche cachée et la couche sortie.

De sa part, **[Klobučar 2008]** a proposé, en 2008, un asservissement visuel utilisant un réseau neural artificiel qui sert comme un approximateur de la cinématique du robot. Il a proposé une méthode pour un asservissement visuel 2D permettant de résoudre des systèmes non linéaires qui amènent le contrôle sur les articulations du robot dans le but de placer l'effecteur au point statique ou traquer la cible en mouvement le long d'une trajectoire inconnue.

L'architecture du réseau neural, illustré dans la figure ci-dessous (Figure **13.2**), est séparée en deux parties. La première partie estime la cinématique inverse pendant que la deuxième partie estime la dynamique du robot et les propriétés géométriques de la procédure d'imagerie.

Le réseau calcule tous les angles entre les liens dans une seule étape, utilisant l'emplacement actuel et désiré de l'extrémité de l'effecteur comme entrée du réseau.

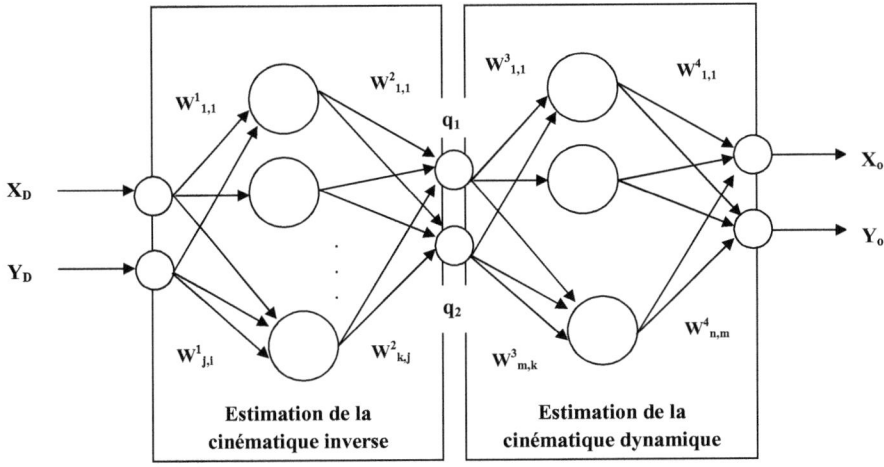

Figure 13.2: Architecture du réseau neural : partie estimant la cinématique inverse et partie estimant la dynamique du robot

Dans le même domaine, **[Thuong 2009]** a proposé en 2009 une nouvelle méthode pour le contrôle d'un système de poursuite visuel robot-caméra pour traquer une cible en mouvement. Pour traiter le problème de la dynamique et les incertitudes de la matrice jacobienne, un apprentissage en ligne d'un réseau neural (NN), décrit par la figure **14.2**, est utilisé.

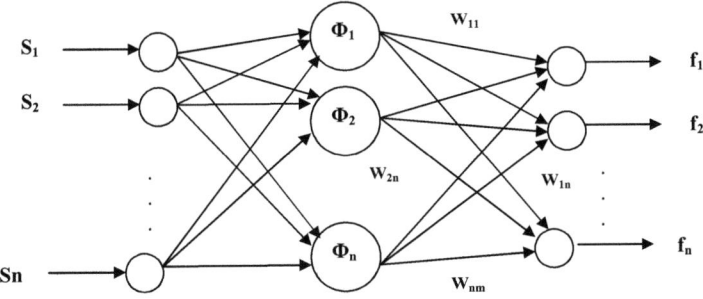

Figure 14.2: Réseaux RBF utilisée pour rapprocher les incertitudes du système caméra-robot

Les entrées du réseau neural sont les **n** composants de vecteur primitive **s**. La couche de sortie a **n** neurones linéaires. Les neurones dans la couche cachée ont une fonction d'activation Gaussienne. Les principaux résultats obtenus dans cette méthode sont :

-La structure du système de contrôle a été trouvé;
-Les couples nécessaires d'articulation ont été définis et calculés;
-La stabilité globale asymptotique du système de suivi a été prouvé.

Certains problèmes connexes sont encore laissés ouverts, tels que le traitement informatique d'image en temps réel, et la méthode à choisir les paramètres optimales de la caméra.

3.1.3. Estimation simultanée des paramètres du robot et celle de la caméra

En 2012, un nouveau schéma de commande d'asservissement visuel basée image (IBVS) pour un robot manipulateur est présenté par **[Wang 2012]**, où un réseau neuronal par rétro-propagation « back propagation BP » est employé pour faire une transition directe à partir des primitives de l'image aux angles d'articulations sans avoir besoin ni de la cinématique du robot, ni de calibrage de caméra.

Pour accélérer la convergence et éviter le minimum local du réseau neuronal, ce schéma de commande emploi un algorithme génétique pour trouver les poids et les seuils initiaux optimaux, puis, il emploi l'algorithme de BP pour faire entraîner le réseau neural selon les informations données. La méthode proposée peut combiner efficacement la bonne capacité de recherche globale des algorithmes génétiques avec la configuration de recherche locale précise du réseau neural par BP. Cette combinaison permet d'approcher la transformation non linéaire des primitives d'image vers les angles d'articulations de sorte que le système soit complètement indépendant de la cinématique de robot et du calibrage de la caméra.

Les résultats de simulation indiquent que la méthode proposée peut accélérer la convergence des erreurs d'image et offrir un simple et une façon efficace du contrôle de robot. Les chercheurs de cette méthode ont marqué que plusieurs schémas neuronaux ont besoin d'une longue période d'apprentissage pour aborder le problème de contrôle visuel. Puisque les poids initiaux d'interconnexion du réseau neuronal sont souvent indiqués stochastiquement, le temps d'apprentissage et les poids d'interconnexion finaux du réseau varient à différentes périodes d'apprentissage.

En effet, l'incapacité de la détermination des poids d'interconnexion initiaux se manifeste à travers de longs temps d'apprentissage et taux de convergence. L'algorithme génétique, qui a une excellente capacité de recherche globale, surmonte de manière significative les inconvénients des réseaux de neurones.

3.2. Commande neuronale et asservissement visuel 3D

En asservissement visuel basé position, les problèmes de calibrage de la caméra et des paramètres cinématique du robot ainsi que le problème de la coordination sensori-motrice sont traités.

3.2.1. Calibrage de caméra

En 2003, un algorithme neural de rétro-propagation a été employé dans [Sethuramasamyraja 2003] afin d'apprendre les relations entre les coordonnées dans le plan d'image et les coordonnées tridimensionnelles pour simplifier le calibrage pénible nécessaire à des besoins de navigation.

En effet, **[Sethuramasamyraja 2003]** a décrit qu'un robot autonome doit être capable de percevoir son environnement et réagir de façon appropriée dans un environnement variable. Il a proposé un système de calibration automatique conçu pour transformer les coordonnées dans le plan image vers les coordonnées dans le repère monde pour des raisons de navigation.

Étant donné que certaines méthodes de calibrage sont très précises, mais consomment beaucoup de temps, le but était de simplifier cette calibration fastidieuse en utilisant un réseau neuronal artificiel. Un traitement d'image est utilisé pour détecter automatiquement les points de calibrage. Puis, un algorithme neuronal par rétro-propagation, illustré par la figure **15.2**, est utilisé pour apprendre les relations entre les coordonnées image et les coordonnées tridimensionnelles. En utilisant ces algorithmes, un robot est en mesure de suivre et de poursuivre une cible avec succès.

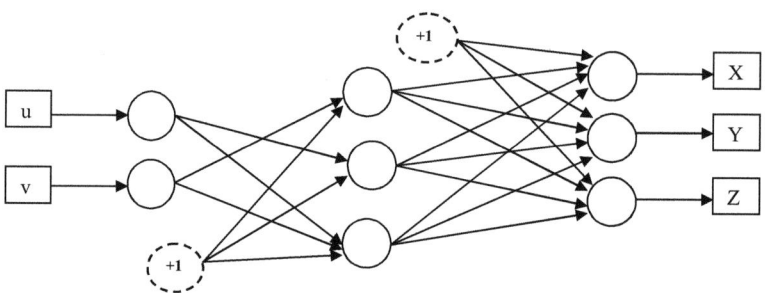

Figure 15.2: réseau neuronal pour apprendre les relations entre les coordonnées image et les coordonnées tridimensionnelles

3.2.2. Estimation des paramètres cinématique du robot

En 2010, **[Kumar 2010]** a proposé une méthode de contrôle par vision d'un manipulateur redondant avec un réseau de neurones basé sur la stratégie d'apprentissage. Le manipulateur est contrôlé visuellement avec de la stéréovision dans une configuration du capteur déporté stéréo « eye to-hand configuration ». Une carte auto-organisation de Kohonen (« Kohonen Self Organising Map » KSOM) basée sur l'asservissement visuel a été proposée pour un manipulateur redondant avec 7 degrés de liberté (DOF). Cette carte a pour objectif d'apprendre la relation de l'inverse cinématique du robot.

La figure **16.2** résume le schéma de commande élaboré : l'entrée du réseau est les quatre coordonnées d'image capturées à partir de deux caméras ; tandis que la sortie est les 7 angles d'articulations.

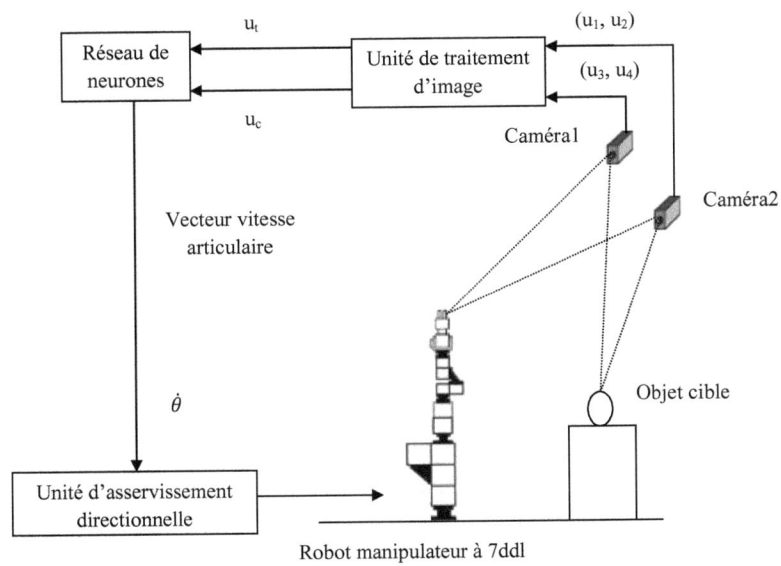

Figure 16.2: Commande par asservissement visuel

Avec :

(i) u1, u2, u3, u4 : coordonnées des objets (terminaison d'effecteur et cible) détecté par le système de vision

(ii) ut : position cible

(iii) uc : position courante de la terminaison de l'effecteur

3.2.3. Coordination sensori-motrice

En 2007, **[Bonkovic 2007]** a suggéré une approche pour apprendre la coordination visuo-motrice en utilisant un réseau à fonction de base radiale. Dans son article, il a présenté un modèle hybride libre pour un système d'asservissement visuel. Le terme «modèle libre» désigne le système ayant le modèle cinématique inconnu et qui doit être estimé en ligne, tandis que «hybride», précise l'architecture de commande visuelle. Le système proposé comporte une partie d'estimation classique de la jacobienne nécessaire pour la génération de sortie de commande et il est complété par un réseau neuronal supplémentaire adaptatif (Adaptative Neural Network ANN). Il est montré que le réseau ANN pourrait être utilisé pour améliorer les performances d'asservissement visuel du contrôleur classique correspondant.

En effet, **[Bonkovic 2007]** a proposé une approche utilisant un réseau nommé EMRAN-RBF (variation du standard MRAN : (Minimal Resource Allocating Network) capable d'apprendre la coordination visuo-motrice en ligne. L'algorithme EMRAN-RBF traduit les mouvements visuels classiques du robot asservi à l'origine du comportement similaire d'un autre robot. Le modèle d'asservissement visuel 2D suppose que la jacobienne du système a été définie en utilisant la technique d'estimation numérique et après cela, les valeurs réelles d'articulations du premier robot ont été utilisés comme une entrée au contrôleur ANN qui, en utilisant également un signal visuel à partir de la caméra, adopte les valeurs d'entrée aux changements qui s'imposent dans le système.

4. Conclusion

Dans ce chapitre, on a vu qu'une approche neuronale permet de réaliser une approximation d'un système par un processus d'apprentissage. Appliquée à l'asservissement visuel, cette approche permet l'identification fonctionnelle de la transformation sensori-motrice en construisant un modèle de connaissance à partir d'exemples du comportement du système robotique. Ainsi divers problèmes sont traités.

Si l'apprentissage est permanent, toute évaluation du système engendre une mise à jour automatique de l'identification et par conséquent de l'adéquation dynamique entre le modèle de comportement estimé et le système robot-vision. On parle d'asservissement visuel adaptatif ou d'asservissement visuel par apprentissage.

Les lois de commandes neuronales sont de plus en plus innovantes et modulaires afin de proposer des contrôleurs neuronaux aussi génériques que possibles. Elles sont valables quels que soient les types de robot, la disposition de la scène, les paramètres des capteurs de vision, et n'utilisent pas des cas particuliers de simplification de la tâche (comme le fait de placer le capteur de vision sur l'effecteur du robot manipulateur).

Mais ces lois neuronales ont l'inconvénient qu'elles utilisent l'apprentissage hors ligne ou elles sont complémentaires d'une autre méthode numérique dans l'élaboration de la commande.

Dans ce même cadre on présente dans le prochain chapitre une approche neuronale pour l'asservissement visuel d'un robot mobile sans tenir compte de la calibration de la caméra ni du la matrice Jacobienne en utilisant l'apprentissage en ligne.

Chapitre 3

Proposition d'un algorithme neuronal pour l'asservissement visuel d'un robot mobile

1. Introduction

Ce chapitre décrit une application robotique qui met en œuvre un asservissement visuel neuronal. Notre objectif est de faire réaliser un positionnement désiré d'une caméra montée sur un robot mobile par rapport à une cible de modèle inconnu appartenant à la scène observée.

Nous débutons ce chapitre par rappeler le schéma classique de l'asservissement visuel cinématique ainsi qu'une description de la méthode utilisée et dans une deuxième partie nous développons l'approche proposée. Dans cette partie, un réseau de neurone à FBR avec apprentissage en ligne est utilisé afin d'estimer l'ensemble formé de la matrice d'interaction et du modèle inverse du robot.

2. Asservissement visuel classique et méthode utilisée

Comme décrit précédemment dans le chapitre 1, les schémas de commandes cinématiques sont basés sur le formalisme de la régulation à zéros de la fonction de tâche sur un horizon temporel donné. Dans notre cas, cette fonction représentera l'erreur d'asservissement : $e = \dot{s} - s$. Le schéma de commande cinématique est donné par la figure **17.3**.

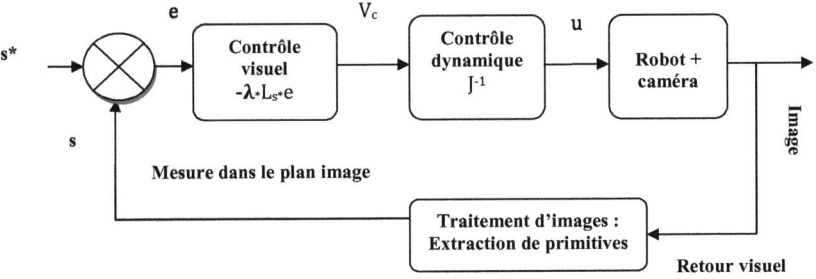

Figure 17.3: Schéma classique d'asservissement visuel

Les lois de commande cinématiques permettent d'assurer une convergence exponentielle découplée de l'erreur d'asservissement s'exprime sous la forme $\dot{e} = -\lambda e$. Ainsi, l'équation de base de l'asservissement visuel s'écrit: $V_c = -\lambda L_s^+ e$. Comme il a été signalé auparavant (section 2.3 du chapitre 1), la matrice d'interaction ne peut pas être exploitée directement et une estimation de cette matrice notée $\widehat{L_s^+}$ est généralement utilisée. L'expression de la consigne en vitesse est donnée par la relation $V_c = -\lambda \widehat{L_s^+} e$.

Nous supposons qu'une image de référence s* de la scène est capturée dans une certaine position (position de référence) du robot par rapport à laquelle nous voulons le repositionner. Partant d'une autre position permettant de voir la cible sous un angle différent (position initiale), le robot est alors commandé afin qu'il atteigne la position de référence. A chaque image acquise s à un instant t (image courante), un algorithme de suivi visuel fournit une estimation des informations visuelles qui dépendent de la position relative entre la cible et la caméra et qui permettent de calculer la commande.

Lors de chaque image caméra, on détermine un vecteur d'erreur présenté comme une mesure de la distance dans l'image entre la position du robot à un instant donné et la position cible à atteindre (dans l'image). A partir de ce vecteur on détermine la commande à appliquer au robot pour que l'erreur diminue progressivement, jusqu'à s'annuler.

Cette approche ne nécessite aucune connaissance à l'avance de la cinématique ou la dynamique du robot, ni de la position de la caméra et de son calibrage. Un signal d'erreur (en coordonnées image) est continuellement traité afin de déplacer le robot mobile vers la cible spécifiée.

A la convergence de l'asservissement visuel, le robot a atteint la position de référence, si les informations visuelles observées coïncident avec celles de l'image de référence. Remarquons que si nous ne parlons ici que de position image, le principe peut se généraliser à d'autres caractéristiques visuelles et à des vecteurs de plus grandes dimensions.

3. Modèle du robot

Le robot mobile utilisé dans notre application est un robot mobile de type unicycle comme il est présenté par la figure18.3. La configuration de l'unicycle est caractérisée par la donnée des nombres x, y, θ et φ, où x et y dénotent les coordonnées cartésiennes du point de contact de la roue avec le sol dans un repère cartésien donné, θ l'orientation de la roue et φ l'angle de la roue mesurée à partir de la verticale.

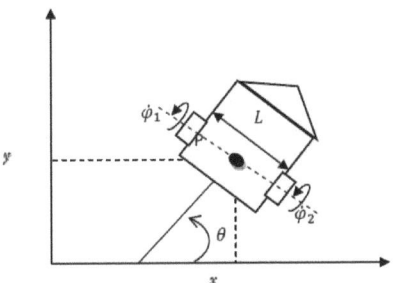

Figure 18.3: Modèle du robot

En supposant que le roulement est sans glissement, le modèle cinématique de la roue s'exprime par les formules suivantes :

$$\begin{cases} \dot{x} - r\dot{\varphi}\cos\theta = 0 \\ \dot{y} - r\dot{\varphi}\sin\theta = 0 \end{cases} \quad \ldots\ldots\ldots\ldots (3.1)$$

Où r représente le rayon de la roue.

En notant par $v = r\dot{\varphi}$ la vitesse longitudinale de robot et par $w = \dot{\theta}$ sa vitesse angulaire, on déduit le modèle cinématique du robot de type unicycle :

$$\begin{cases} \dot{x} = v\cos\theta \\ \dot{y} = v\sin\theta \\ \dot{\theta} = w \end{cases} \quad \text{(3.2)}$$

Et les équations de mouvement du robot sont :

$$\begin{cases} \dot{\varphi} = \frac{\dot{\varphi}1 + \dot{\varphi}2}{2} \\ \dot{\theta} = \frac{\dot{\varphi}1 - \dot{\varphi}2}{L} \end{cases} \quad \text{(3.3)}$$

Afin de commander la direction de robot, il est nécessaire de faire une discrétisation de l'espace de commande $(\dot{\varphi}1, \dot{\varphi}2)$, comme illustré dans la figure **19.3** ci-dessous, en utilisant la méthode d'Euler puisqu'il existe une infinité de couples $(\dot{\varphi}1, \dot{\varphi}2)$ qui vont générer une infinité de trajectoires à tester qui n'est pas réalisable en pratique :

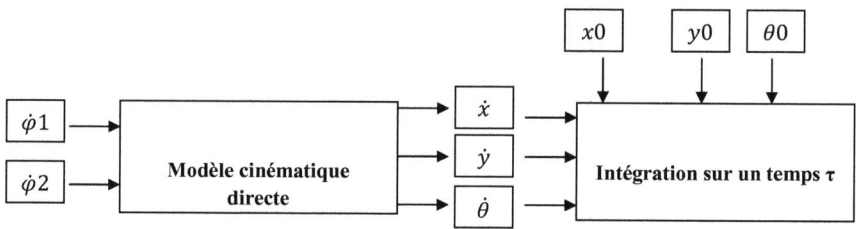

Figure 19.3 [MORETTE 2009]: Discrétisation des entrées du robot

Le modèle cinématique du robot s'écrit alors sous la forme:

$$\begin{cases} x(k) = x(k) + \tau\, v\, \cos\theta(k)) \\ y(k) = y(k) + \tau\, v\, \sin(\theta(k)) \\ \theta(k) = \theta(k) + \tau\, w \end{cases} \quad \text{(3.4)}$$

4. Boîte à outils utilisée

La boîte à outils de la vision artificielle (Machine Vision Toolbox, MVT) fournit de nombreuses fonctions très utiles en vision artificielle et en contrôle basée sur la vision. Il comprend plus de 100 fonctions couvrant les opérations telles que la lecture et l'écriture du fichier image, l'acquisition, l'affichage, le filtrage, l'extraction de primitives de type point et ligne, morphologie mathématique, homographies, les jacobiens visuels, calibrage de la caméra et la conversion d'espace couleur.

Cette boîte à outils, dans sa troisième version, a été considérablement élargi pour inclure des classes pour représenter les différents types de caméras (perspective, fish-eye, catadioptrique et sphérique), l'estimation de la pose, les jacobiens visuels et des techniques de segmentation avancées. La boîte à outils comprenant également des modèles Simulink pour des systèmes d'asservissement visuels PBVS et IBVS pour des robots manipulateurs, mobiles ou volants.

5. Asservissement visuel neuronal

Comme il est décrit auparavant, l'asservissement visuel 2D est basé sur la relation entre la variation par rapport au temps de l'information visuel $\dot{s}$ et la vitesse de la caméra V_c. Cette relation est assurée par la matrice d'interaction notée aussi le Jacobian de l'image L_s.

Dans l'expression de la matrice d'interaction, de l'équation **(1.30)**, **Z** décrit la profondeur du point par rapport au plan de la caméra. Ainsi, toute loi de commande utilisant cette forme de matrice d'interaction doit permettre l'estimation ou l'approximation de la valeur **Z**. De plus, la matrice d'interaction L_s ne peut pas être directement utilisée dans l'expression de la loi de commande puisque les paramètres intrinsèques de la caméra sont directement impliqués dans le calcul de x et y, une estimation ou une approximation de la matrice d'interaction notée $\widehat{L_s^+}$ est alors indispensable.

De plus, la synthèse de la loi de commande se base généralement, sur la connaissance exacte du modèle du robot. Dans notre cas nous avons considéré le robot mobile à deux roues. Des perturbations engendrées par le glissement par exemple doivent être compensées au cours de la synthèse de la loi de commande.

Pour surmonter les difficultés déjà mentionnées, nous proposons un asservissement visuel 2D utilisant un réseau de neurones adaptatif comme solution. Ce réseau de neurone est essentiellement utilisé pour estimer l'ensemble formé par la matrice d'interaction et le modèle inverse du robot. Ainsi, les images considérées sont décrites par des objets donnés par quatre points. La figure **20.3** présente le schéma d'asservissement visuel proposé.

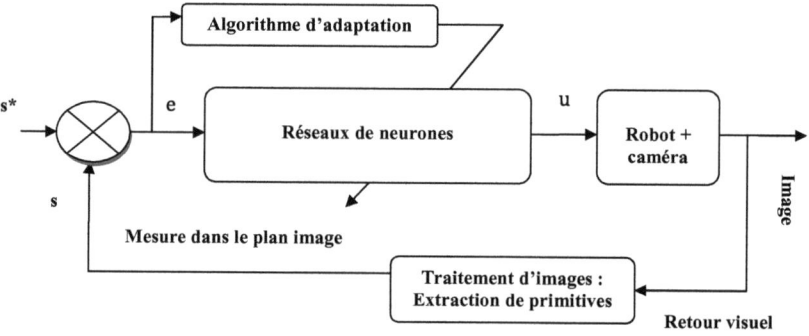

Figure 20.3: Schéma d'asservissement visuel neuronal

Le réseau de neurones que nous avons choisi pour notre étude est de type RBF qui possède huit entrées (le vecteur erreur de coordonnées des quatre points dans le plan image) et deux sorties (les deux commandes). Son architecture est présentée par la figure suivante :

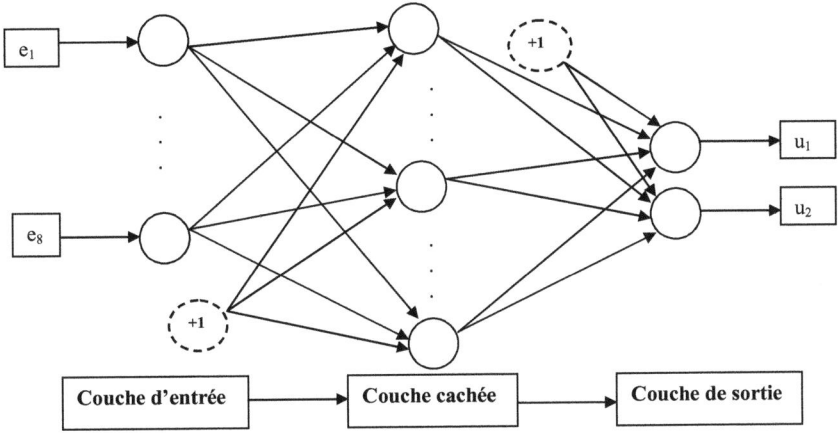

Figure 21.3: Architecture du réseau neuronal

Le problème rencontré dans cette architecture consiste à ce que le nombre important d'entrées du réseau causera nécessairement une complexité importante du réseau. Comme remède, nous avons utilisé une nouvelle approche proposée par **[Mekki 2013]** fondée sur deux nouvelles contributions. La première, consiste à prouver qu'un seul point, des quatre points de l'image est suffisant pour résoudre le problème de l'asservissement visuel d'un robot mobile. La deuxième contribution, consiste à proposer un algorithme d'apprentissage en ligne par réseau de neurone. Cette approche nous permet de réduire le nombre des entrées du réseau et de faire une approximation en vue de l'obtention d'une relation directe entre les sorties du réseau et le critère en performance à minimiser.

6. Algorithme neuronal et estimation des fonctions non linéaires

Dans cette section, nous allons utiliser un algorithme neuronal pour estimer l'ensemble formé par la matrice d'interaction et du modèle inverse du robot. La figure **22.3** présente un schéma descriptif de la démarche d'application de l'algorithme. Les fonctions estimées **u₁** et **u₂** sont exprimées par:

$$u_1 = \sum_i^M w_{i1} \Phi_i(e) \ldots\ldots\ldots\ldots\ldots\ldots\ldots\ldots\ldots\ldots\ldots\ldots\ldots\ldots\ldots (3.5)$$

$$u_2 = \sum_i^M w_{i2} \Phi_i(e) \ldots\ldots\ldots\ldots\ldots\ldots\ldots\ldots\ldots\ldots\ldots\ldots\ldots\ldots\ldots (3.6)$$

Avec $W = [w_{ij}]_{i=1:M; j=1:2}$ et $e = [e_1; e_2]$ et Φ est la fonction de base radiale (FBR) de type gaussienne donnée par : $\Phi(x) = \exp\left(-\frac{\|x-c\|^2}{2\sigma^2}\right)$

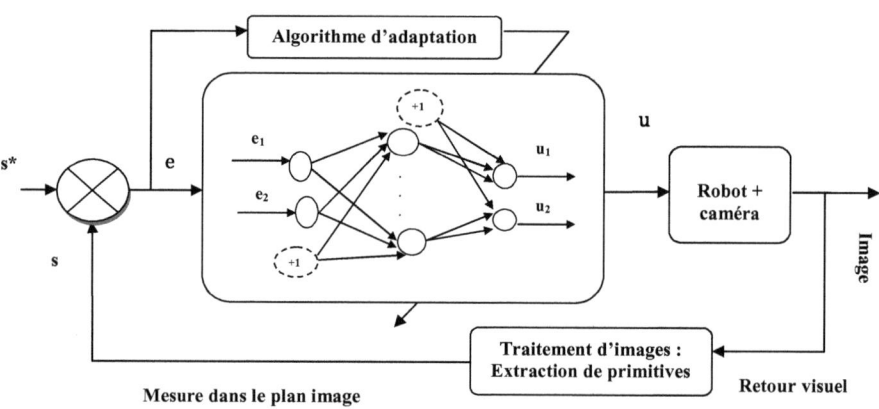

Figure 22.3: Schéma descriptif de la démarche d'application de l'algorithme neuronal

Puisque l'erreur quadratique **e** ($e = \frac{1}{2}(u - u^*)^2$) sur la sortie ne figure pas d'une façon explicite dans l'expression de la fonction objective, nous considérons le critère à minimiser suivant :

$$J = \frac{1}{2}(s^* - s)^2 \quad \text{...} (3.7)$$

Pour trouver les poids qui minimisent ce critère, la règle suivante est utilisée :

$$w(t + 1) = w(t) - \frac{\partial J}{\partial w} \quad \text{...} (3.8)$$

Avec $\frac{\partial J}{\partial w} = (s^* - s)\frac{\partial s}{\partial w}$

On obtient dans ce cas :

$$w(t + 1) = w(t) - \frac{\partial J}{\partial w} = w(t) - \varepsilon(s - sd)\frac{\partial s}{\partial w} \quad \text{..............} (3.9)$$

Or le terme $\frac{\partial s}{\partial w}$ ne peut pas être explicitement connu puisque la sortie du réseau neuronal est la variable **u** et non pas **s**.

Alors, une approximation sera effectuée, en vue de l'obtention d'une relation directe entre les sorties du réseau et le critère à minimiser.

Soit :

$$\frac{\partial s}{\partial w} = \frac{\partial s}{\partial u} * \frac{\partial u}{\partial w} \quad \text{..} (3.10)$$

D'après les équations (3.5) et (3.6) nous obtenons :

$$\frac{\partial u}{\partial w} = \Phi(e) \quad \text{..} (3.11)$$

Et par une approximation du premier ordre on obtient :

$$\frac{\partial s}{\partial u} = \frac{(s_t - s_{t-1})}{(u_t - u_{t-1})} \quad \text{..} \quad (3.12)$$

Dans une situation donnée, le robot se base que sur l'état de son capteur visuel pour décider de l'action à mener.

La loi d'adaptation s'écrit alors sous la forme suivante :

$$w(t+1) = w(t) - \varepsilon(s - sd)\frac{(s_t - s_{t-1})}{(u_t - u_{t-1})}\Phi(e) \quad \text{................} \quad (3.13)$$

7. Résultats de simulation

Pour mettre en évidence l'efficacité de l'algorithme proposé, nous considérons deux cas de simulation. Le premier cas décrit l'asservissement visuel classique 2D en tenant compte de la matrice d'interaction et du modèle inverse du le robot. Tandis que, le second cas, s'intéresse à élaborer une loi de commande appliquée sur le robot en utilisant uniquement les réseaux de neurones.

7.1. Exemple 1 : Asservissement classique avec des primitives de types points

Dans un premier cas, nous réalisons l'asservissement visuel classique 2D du robot mobile déjà modélisé. Dans cet asservissement, nous considérons un seul point parmi les quatre points pouvant décrire l'image.

La figure **23.3** représente l'évolution de la trajectoire du robot dans le repère image. Les coordonnées des quatre points correspondant à la position initiale dans le plan image sont données par : $pi = \begin{pmatrix} 412 & 412 & 612 & 612 \\ 412 & 612 & 612 & 412 \end{pmatrix}$. Les coordonnées des quatre points correspondant à la position finale dans le plan image sont données par : $pf = \begin{pmatrix} 27.0179 & 27.0179 & 431.7332 & 431.7332 \\ 285.1790 & 738.8210 & 685.1402 & 338.8598 \end{pmatrix}$. Il est clair que l'objet ne quitte pas le champ de vision au cours de l'asservissement.

En effet, nous constatons que le passage entre la position initiale et finale dans le plan image est assuré par une trajectoire continue sans aucune dynamique brusque.

La figure **24.3**, représente les évolutions des erreurs temporelles prises entre le point de l'image acquise et celui de point de l'image désirée. L'erreur estimée converge asymptotiquement vers zéro. La figure **25.3** représente les variations des deux commandes à appliquer au robot.

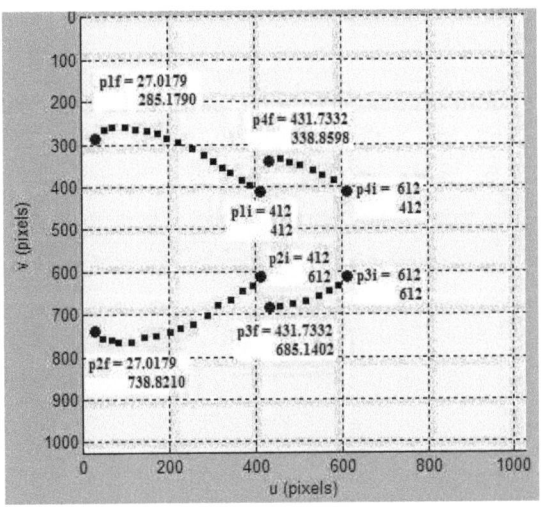

Figure 23.3: Évolution de la trajectoire du robot en asservissement visuel classique

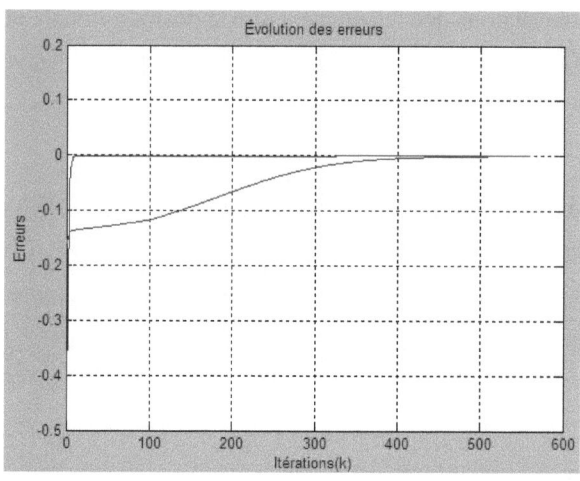

Figure 24.3: Évolutions des erreurs temporelles en asservissement visuel classique

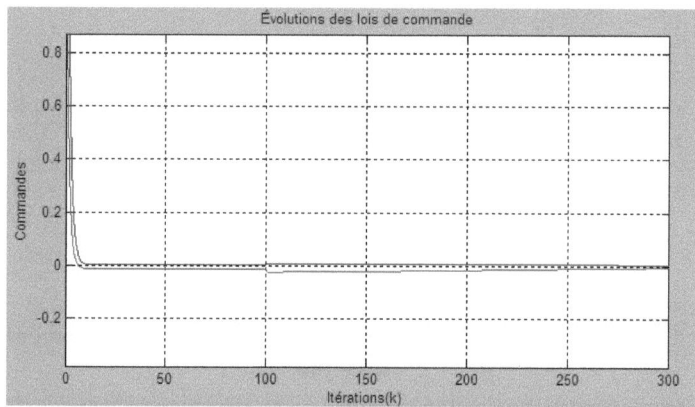

Figure 25.3: Évolutions des lois de commande en asservissement visuel classique

7.2. Exemple 2 : Asservissement neuronal avec des primitives de types points

Dans un deuxième cas, nous réalisons l'asservissement visuel par réseaux de neurones à structure statique. Nous utilisons toujours un seul point parmi les quatre points pouvant décrire l'image. Le nombre de neurones mis en jeu est égal à 441. En effet, nous utilisons ce grand nombre de neurones afin de couvrir l'espace engendré par la variation des erreurs.

La figure **26.3** représente la position initiale et finale dans le plan image. Nous remarquons que l'absence de la matrice d'interaction n'affecte pas la trajectoire continue décrite par le robot pour passer de la position initiale à celle finale. En effet, il est clair que le problème d'estimation de l'ensemble formé de la matrice d'interaction et du modèle inverse du robot est résolu à travers l'algorithme proposé mais pour de faibles distances c'est-à-dire lorsque l'état initiale est proche de l'état finale. Par exemple, lorsqu'on part des coordonnées des quatre points correspondant à la position initiale dans le plan image $pi = \begin{pmatrix} 412 & 412 & 612 & 612 \\ 412 & 612 & 612 & 412 \end{pmatrix}$ vers les coordonnées des quatre points correspondant à la position finale $pf = \begin{pmatrix} 378.3769 & 378.3769 & 580.0874 & 580.0874 \\ 410.8340 & 613.1660 & 612.3893 & 411.6107 \end{pmatrix}$, on effectue une translation selon l'axe des abscisses de l'ordre de 0.889611188 cm et une translation de l'ordre de 0.030850417 cm selon l'axe des ordonnées sachant que l'angle de rotation θ initiale est égale à 2.29 degré.

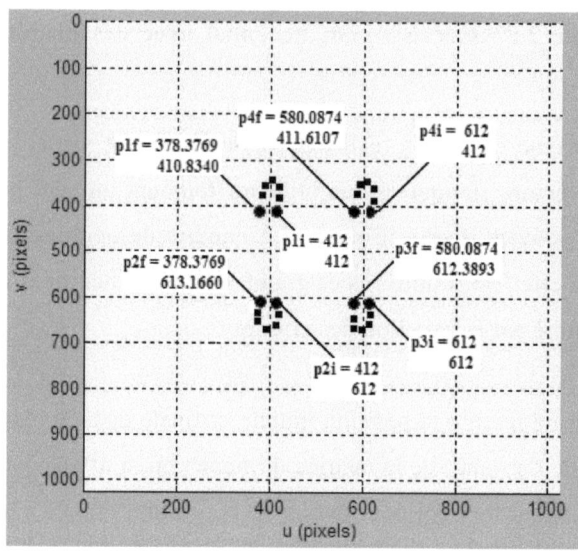

Figure 26.3: Évolution de la trajectoire du robot en asservissement visuel neuronal

La figure **27.3** décrit les évolutions des erreurs temporelles prises entre le point de l'image acquise et celui de l'image désirée. Nous remarquons une convergence asymptotique des erreurs au voisinage de zéro. La figure **28.3** représente les variations des deux commandes à appliquer au robot .Les lois de commande proposées permettent de donner des valeurs physiquement réalisables.

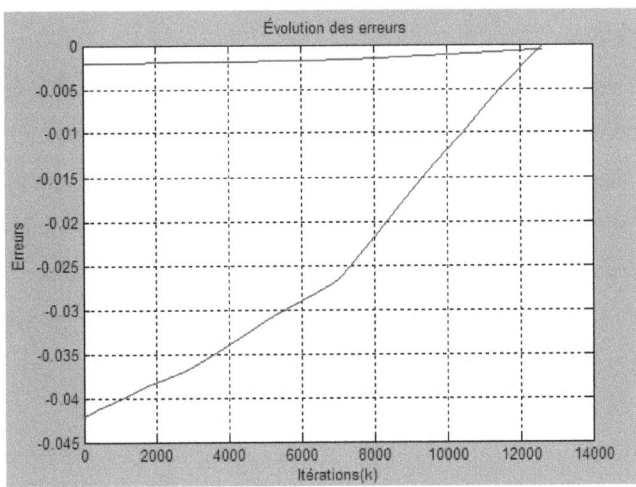

Figure 27.3: Évolutions des erreurs temporelles en asservissement visuel neuronal

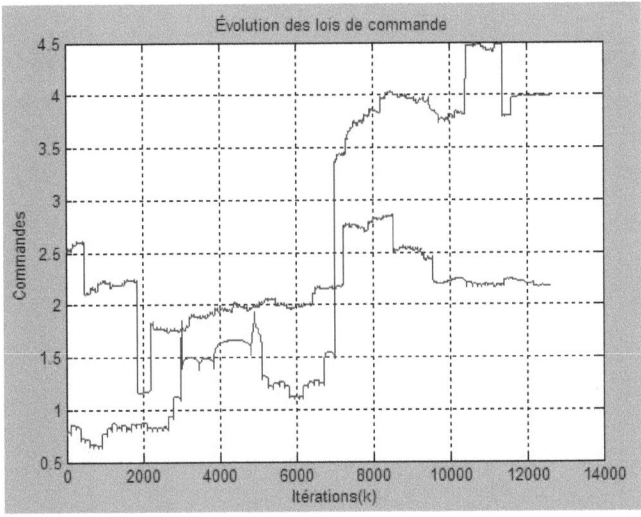

Figure 28.3: Évolutions des lois de commande en asservissement visuel neuronal

8. Conclusion

Dans ce chapitre, on a essayé de proposer une nouvelle approche en asservissement visuel par l'utilisation d'un réseau de neurones adaptatif pour estimer l'ensemble formé de la matrice d'interaction et du modèle de robot. Cette nouvelle approche prouve qu'un seul point, parmi les quatre points de l'image, est suffisant pour résoudre le problème de l'asservissement visuel d'un robot mobile. Cela nous permet principalement de réduire le nombre d'entrées du réseau. Ce résultat est prouvé pour de faibles déplacements.

Le réseau de neurones utilisés dans la génération de lois de commande est à structure fixe. Cependant, le choix de cette structure, telle que le nombre de neurones dans le réseau, doit être fait à priori. Ceci peut influencer les performances de la commande puisque dans notre cas, on a pu faire que de petits déplacements.

Conclusions & perspectives

- **Conclusion**

La pratique de la robotique et de vision artificielle implique l'application d'algorithmes de calcul aux données. Les données proviennent de capteurs mesurant la vitesse d'une roue, l'angle de l'articulation d'un bras de robot ou les intensités des millions de pixels qui composent une image du monde que le robot l'observe. Pour de nombreuses applications robotiques, la quantité de données qui doivent être traitées, en temps réel, est massive. Pour la vision, il peut être de l'ordre de quelques dizaines à quelques centaines de méga-octets par seconde.

Les progrès dans la robotique et dans la vision artificielle a été, et continue d'être, guidé grâce à des moyens plus efficaces pour traiter les données. Ce résultat est obtenu grâce à des algorithmes nouveaux et plus efficaces intégrant de nouveaux moyens de commande tels que les réseaux de neurones.

Au cours de ce travail, nous avons étudié une série de problèmes existants en robotique, en particulier, nous nous sommes intéressés aux problèmes de l'asservissement visuel 2D et 3D. Nous avons vu que plusieurs techniques ont besoin de connaitre les paramètres de la caméra, la matrice d'interaction ainsi que le modèle dynamique du robot.

L'inconvénient important d'une mesure 2D, est qu'elle ne permet pas à la caméra d'assurer en permanence une trajectoire dans l'espace. De plus, le modèle d'asservissement visuel 2D se base sur la relation entre la variation par rapport au temps de l'information visuel et de la vitesse de la caméra. Cette relation est obtenue par la matrice d'interaction notée aussi le Jacobian de l'image. Ce dernier est constitué par des paramètres à estimer tels que la profondeur Z, du point par rapport au plan de la caméra et des paramètres intrinsèques de la caméra. En outre, la synthèse de la loi de commande se base généralement, sur la connaissance exacte du modèle du robot.

Alors, Nous avons présenté une technique d'asservissement visuel par réseaux de neurones pour estimer l'ensemble formé de la matrice d'interaction et du modèle de robot. Les résultats de simulation ont prouvé l'efficacité de la méthode proposée à faibles distances. En effet, lorsque l'objet quitte le champ de vision, le robot sera capable de rejoindre sa trajectoire désirée sans qu'il ait des perturbations sur les entrées ou les sorties.

- **Perspectives**

On envisage développer une stratégie de navigation automatique. Elle sera basée encore sur les réseaux de neurones de telle sorte que le robot pourrait déterminer sa trajectoire, ses obstacles et sa vitesse. Il aurait ainsi plus d'autonomie dans la gestion de ses ressources et plus d'efficacité dans les services qu'il rendrait à l'homme.

Références

[Ahmed 1999] M. T. Ahmed, E. E. Hemayed, A. A. Farag. Neurocalibration: A neural network that can tell camera calibration parameters. In *Proceedings of the 7th IEEE International Conference on Computer Vision*, IEEE, Kerkyra, Greece, vol. 1, pp. 463-468, 1999.

[Benhimane 2007] S. Benhimane et E. Malis. Homography-based 2d visual tracking and servoing. The International Journal of Robotics Research, vol. 26, no. 7, pages 661–676, 2007.

[Bonkovic 2007] M. Bonkovic, M. Cecic, V. Papic. « Adaptive neural network (ANN) for visual servoing : The mimetic approach ». *International Journal of Circuits, Systems and Signal Processing*, vol. 3, no, 1, pp. 259-265, 2007.

[Chaumette 1990] F. Chaumette. « La relation vision-commande : théorie et application à des tâches robotiques ». PhD thesis, Université de Rennes 1, Mention informatique, July 1990.

[Chaumette 2006] F. Chaumette et S. Hutchinson. « Visual servo control, Part I : Basic approaches ». IEEE Robotics and Automation Magazine, vol. 13, no. 4, pages 82–90, 2006.

[Chaumette 2007] F. Chaumette et S. Hutchinson. « Visual Servo Control, Part II : advanced Approaches ». IEEE Robotics and Automation Magazine, vol. 14, no. 1, pages 109–118, 2007.

[Collewet 2011] C. Collewet et E. Marchand. « Photometric visual servoing ». IEEE Trans. On Robotics, vol. 27, no. 4, pages 828–834, August 2011.

[Courtial 2009] Estelle Courtial : « Commande Prédictive et Asservissement visuel » -Institut PRISME-Equipe-projet «Modélisation, Commande et Diagnostic des Systèmes »- Journée du pole «Contrôle », jeudi 3 décembre 2009

[Dame 2012] A. Dame et E. Marchand. « L'information mutuelle pour l'estimation visuelle directe de pose » ; RFIA 2012 (Reconnaissance des Formes et Intelligence Artificielle), Lyon : France , janvier 2012 .

[Gans 07] N. Gans, S. Hutchinson. – « Stable visual servoing through hybrid switched-systems contro ». IEEE Transactions on Robotics, 23(3):530–540, June 2007.

[Huang 2010] X. H. Huang, X. J. Zeng, M. Wang. SVM-« based identification and un-calibrated visual servoing for micro-manipulation ». *International Journal of Automation and Computing*, vol. 7, no. 1, pp. 47-54, 2010.

[Hutchinson 1996] Seth Hutchinson, Peter I.Corke ; « A Tutorial on Visual Servo Control » ;IEEE Transactions on robotics and automation,VOL.12,NO.5,October 1996

[HORAUD 1995] Radu HORAUD, CNRS et Olivier MONGA, INRIA ; « Vision par ordinateur : outils fondamentaux » ; Deuxième édition ; Éditions Hermès 1995

[HERMANN 2004] Gilles HERMANN : T H È S E : « Approche neuromimétique modulaire pour la commande d'un système robot-vision »- Université de Haute-Alsace- Thèse préparée au sein du laboratoire MIPS- soutenue le décembre 2004

[**Kumar 2010**] P. Prem Kumar, Laxmidhar Behera ; « Visual servoing of redundant manipulator with Jacobian matrix estimation using self-organizing map » ;Department of Electrical Engineering, Indian Institute of Technology, Kanpur 208 016, India-Robotics and Autonomous Systems 58 (2010)

[**Klobučar 2008**] Rok Klobučar, Jure Čas, Riko Šafarič ; « Uncalibrated Visual Servo Control with Neural Network »- Journal of Mechanical Engineering 54(2008)9, 619-628. Faculty of Electrical Engineering and Computer Science / Institute for Robotics, University of Maribor, Slovenia

[**Li 2010**] F. Li, H. D. Xie. « Sliding mode variable structure control for visual servoing system ». *International Journal of Automation and Computing*, vol. 7, no. 3, pp. 317-323, 2010.

[**Mekki 2013**] Mekki Hassen ; « Flatness-based path planning for robust 3D visual servoing » ; 10th IEEE International Multi-Conference on Systems,Signals and Devices ;Hammamet-Tunisia ; Mars 2013

[**MORETTE 2009**] Nicolas MORETTE: THÈSE : « Contribution à la Navigation de robots mobiles : approche par modèle direct et commande prédictive »-UNIVERSITÉ D'ORLÉANS *ÉCOLE DOCTORALE [SCIENCES DE L'HOMME ET DE LA SOCIETÉ ou SCIENCES ET TECHNOLOGIES]* - INSTITUT PRISME, Équipe Systèmes Robotiques Interactifs- - soutenue le : 18 Décembre 2009

[**Martinet 1997**] P. Martinet, N. Daucher, J. Gallice et M. Dhome. « Robot control using monocular pose estimation ». Worshop on New Trends in Image-based Robot Servoing, IROS'97, vol. 97, pages 1–12, 1997.

[Malis 1999] E. Malis, F. Chaumette et S. Boudet. « 2 1/2 D Visual Servoing ». *IEEE Transactions on Robotics and Automation*, vol. 15, no. 2, pages 238–250, April 1999.

[Martinet 1996] P. Martinet, J. Gallice, D. Khadraoui. – « Vision based control law using 3D visual features ». – *Econometrica Committees, WAC 96*, pp. 497–502, Montpellier, May 1996.

[Matthies 1989] L. Matthies, R. Szelinski, T. Kanade. – « Kalman filter-based algorithms for estimating depth from image sequences ». *International journal of Computer Vision*, 3:209–236, 1989.

[Sethuramasamyraja 2003] B. Sethuramasamyraja, M. Ghaffari, E. L. Hall. « Automatic calibration and neural networks for robot guidance ». In *Proceedings of SPIE Intelligent Robots and Computer*, 3-8 2003, [Online], Available:http://citeseerx.ist.psu.edu/viewdoc/download?doi=10.1.1.86.5447&rep=rep1&type=pdf, August 5, 2011.

[Sukavanam 2007] Vikas Panwar and N. Sukavanam ; « Neural Network Based Controller for Visual Servoing of Robotic Hand Eye System » ; Engineering Letters, 14:1, EL_14_1_26 (Advance online publication: 12 February 2007)

[Shirai 1973] Y. Shirai, H. Inoue. – « Guiding a robot by visual feedback in assembling tasks ». *Pattern Recognition*, 5(2):99–106, 1973.

[Thuong 2009] Pham Thuong Cat, Nguyen Tuan Minh ; « Robust Neural Control of Robot-Camera Visual Tracking »-IEEE International Conference on Control and Automation Christchurch, New Zealand, December 9-11, 2009

[Wang 2012] Hong-Bin Wang, Mian Liu ; « Design of Robotic Visual Servo Control Based on Neural Network and Genetic Algorithm » ; International Journal of Automation and Computing ; February 2012, 24-29

[Zhao 2008] Q. J. Zhao, H. B. Deng, X. G. Duan, H. D. Hu. « Implementations of robot visual servo by learning ». In *Proceedings of the 3rd IEEE International Conference on Innovative Computing Information and Control*, IEEE, Dalian, PRC, pp. 67,2008.

[Zong 2006] Xiaoping Zong, Yan Xu, Lei Hao, Xiaoli Huai ; «Camera Calibration Based on the RBF Neural Network with Tunable Nodes forVisual Servoing in Robotics » ; International Conference on Intelligent Robots and Systems October 9 - 15, 2006, Beijing, China

i want morebooks!

Buy your books fast and straightforward online - at one of world's fastest growing online book stores! Environmentally sound due to Print-on-Demand technologies.

Buy your books online at
www.get-morebooks.com

Achetez vos livres en ligne, vite et bien, sur l'une des librairies en ligne les plus performantes au monde!
En protégeant nos ressources et notre environnement grâce à l'impression à la demande.

La librairie en ligne pour acheter plus vite
www.morebooks.fr

VDM Verlagsservicegesellschaft mbH
Heinrich-Böcking-Str. 6-8
D - 66121 Saarbrücken

Telefon: +49 681 3720 174
Telefax: +49 681 3720 1749

info@vdm-vsg.de
www.vdm-vsg.de

Printed by Books on Demand GmbH, Norderstedt / Germany